# 1 MONTH OF
# FREE
# READING

## at

## www.ForgottenBooks.com

By purchasing this book you are eligible for one month membership to ForgottenBooks.com, giving you unlimited access to our entire collection of over 1,000,000 titles via our web site and mobile apps.

To claim your free month visit:

www.forgottenbooks.com/free1006484

ISBN 978-0-331-03956-6
PIBN 11006484

For support please visit www.forgottenbooks.com

# Grundzüge

einer

## Methodik des geschichtlichen Unterrichts

auf Gymnasien.

# Grundzüge einer Methodik

des

# geschichtlichen Unterrichts

auf Gymnasien.

Sendschreiben

an den Consistorial=Director Seebeck
in Hildburghausen

von

## Dr. Johann Wilhelm Loebell,
ordentl. Professor der Geschichte an der Universität zu Bonn.

Leipzig:
F. A. Brockhaus.
1847.

Theurer Freund!

In den schönen Tagen Ihres Aufenthalts in Bonn, als
wir häufig Gedanken austauschten, und vielfache Gespräche
gegenseitige geistige Anregung herbeiführten, kam einst die
Rede auf die im Verhältniß zu anderen Fächern geringeren
Ergebnisse des geschichtlichen Unterrichts auf unsern Schulen.
Ich äußerte, daß hier Schwierigkeiten obwalten, mit welchen
die übrigen Unterrichtszweige nicht zu kämpfen haben, mir
aber dennoch scheine, man würde durch die Befolgung einer
zweckmäßigeren und folgerechter durchgeführten Methode als
die gewöhnlich angewandte, reichlichere und bessere Früchte
erzielen können. Sie drangen auf Näheres; ich erwiederte,
daß dies eine langathmige Rede erfordern würde, Gedan=
ken über Methodik sich überhaupt schriftlich besser ausneh=
men dürften, und erbot mich, die meinigen — wozu ich
übrigens auch sonst veranlaßt sei — auf das Papier zu
werfen und Ihnen zur Prüfung vorzulegen.

Spät komme ich zur Erfüllung dieses Versprechens.
Erlauben Sie, daß ich mich desselben jetzt öffentlich ent=
ledige, um bei einem Gegenstande, der viele Lehrer angeht,
Jeden, der es wünscht, an unseren Verhandlungen darüber
Theil nehmen zu lassen.

Es könnte dem freilich das Bedenken entgegenstehen,
daß Beruf und Neigung mich zwar in verschiedenen Pe=

rioden meines Lebens getrieben haben, über diese Aufgabe nachzudenken, ich aber in der pädagogischen Litteratur keineswegs so bewandert bin, um mit allen versuchten Lösungen derselben bekannt zu seyn. Es können derjenigen, welche ich vorzuschlagen weiß, sehr ähnliche, es können ungleich bessere gegeben worden seyn. Dagegen glaube ich mit Sicherheit annehmen zu können, daß sie nicht durchgedrungen sind, und eben so daß, wenn einzelne Lehrer im Stillen ihre Zöglinge auf trefflichen Wegen führen, es eben nur einzelne sind. Denn daß es bei aller Gelehrsamkeit, allem Fleiße und allem Eifer, welche den historischen Vorträgen auf den Gymnasien ohne Zweifel zugewandt werden, doch an Uebereinstimmung in dem Maß und Ziel der anzustrebenden Ergebnisse fehlt, und daß bei einem guten Theile der Schüler ein Mißverhältniß zwischen dem Gelehrten und dem Erlernten Statt findet, welches sich durch die Verschiedenheit der Gaben und des Fleißes keineswegs genügend erklärt, weiß der Lehrer der Geschichte auf der Universität aus fortgehender Erfahrung. Kein Anderer tappt über das Maß von Kenntnissen, an welches er als an ein in die Hörsäle mitzubringendes anknüpfen kann, so im Dunkeln, und zuletzt muß er sich bescheiden, es mit den allerverschiedensten Graden der historischen Vorbildung, daher auch der Anforderungen und Erwartungen der Zuhörer zu thun zu haben. Auch wird schwerlich bei irgend einem andern Unterrichtszweige von dem auf die Hochschule mitgebrachten Wissen in der Folge so viel eingebüßt. Und alles dieses stammt gutentheils von der großen Verschiedenheit der Lehrart und des verfolgten Zieles, von dem Mangel an Schärfe, mit dem man es ins Auge faßt, und einer gewissen Unbestimmt-

heit und Vieldeutigkeit der Ausdrücke in den darauf bezüg=
lichen Vorschriften, welche freilich bei der Kürze, die darin
herrschen muß, nur zu vermeiden wären, wenn sie eine all=
gemein bekannte und anerkannte Methodik der Geschichte
voraussetzen könnten.

Wenn aber die Mathematik ihre Methode in sich selbst
trägt, und die Sprachen sie in der Grammatik haben, so
hat die Geschichte eigentlich gar keine.

Die mir bekannten Anweisungen für diesen Unterricht
gehen, wenn sie auch die Geschichte als ein Wissen, welches
seinen Zweck in sich selbst hat, anerkennen, doch, um den
einzuschlagenden Weg zu bestimmen, hauptsächlich von der
Wirkung aus, welche sie auf die geistige und sittliche Er=
hebung, auf das Gemüth und die Gesinnung der Jugend
üben soll. Dies aber kann höchstens die Auswahl, die man
aus der großen Masse des Stoffes zu treffen hat, bestim=
men helfen, die Art dagegen, wie das Ausgewählte zu
überliefern und dem Schüler einzuprägen ist, auf keine Weise.
Niemand, meine ich, wird aus Niethhammers scharfer Be=
weisführung, daß der wahre Weg zur Menschenbildung
durch das classische Alterthum und seine Sprachen hindurch=
geht, die Lehrart des Lateinischen und Griechischen ableiten,
kein Lehrer in der Begeisterung für die vollendete Form, in
der sich das Wahre und Schöne in den Classikern ausge=
prägt findet, den Schlüssel zu ihrer sprachlichen und sach=
lichen Auslegung zu besitzen glauben; jeder jene höchsten
Ergebnisse vielmehr als Früchte betrachten, deren voller Ge=
nuß nur dem zu Theil wird, dem sie durch gründliche
Sprachkenntniß zuwachsen. Und Niemand hat noch gemeint,
daß die Mahnung an den Lehrer, den Schüler auf die Ge=

sinnung, den Geist, die Ideen in den Classikern hinzuweisen, ihm den besten Weg zur Sprachunterweisung zu zeigen vermag. Mit Einem Worte: in der Mathematik, und der Sprachlehre hält sich die Methodik an die Sachen selbst, und wird nicht aus Zwecken, welche jenseits derselben liegen, abgeleitet.

Ehe wir aber zusehen, ob nicht auch im Geschichtsunterricht etwas dieser Trennung Analoges möglich ist, lassen Sie uns zu bestimmen suchen, von welcher Beschaffenheit und welchem Umfange die Felder dieses weiten Gebietes sein sollen, welche das Gymnasium sich anzueignen hat.

Ich beginne damit, Sie an einen in meiner Abhandlung über das Verhältniß der Geschichtschreibung zur Poesie entwickelten Satz, dem Sie Ihren Beifall schenkten, zu erinnern, an die Behauptung nämlich, daß jeder historischen Darstellung geistiger Art ein poetisches Element inwohnt, d. h. ein Element, welches durch einen Antheil von der Art, wie wir ihn an den Werken der Dichtkunst nehmen, bedingt wird. Es bezieht sich auf die Uebereinstimmung nicht zwischen der Darstellung und dem Verlauf der Begebenheit in ihren einzelnen Umständen, sondern zwischen dem Dargestellten und der Beschaffenheit der menschlichen Natur; es wird erregt und gefesselt durch Zustände, die den Menschen nicht unter der Herrschaft conventioneller Verwickelungen, sondern natürlicher Gefühle und Richtungen zeigen, durch Begebenheiten, die statt der alltäglichen Erlebnisse ungewöhnliche, seltsame, wunderbare Geschicke enthalten. Das Interesse der letzten Art ist ein novellenartiges zu nennen, nicht ein romanhaftes, denn eben die unerwartete, durch ein ungewöhn-

liches Ereigniß herbeigeführte Lösung einer obwaltenden
Spannung gehört zum Charakter der eigentlichen Novelle.
Auch kann sich zu dieser eine wirkliche Begebenheit als solche
gestalten, dem Roman kann sie nur zu Grunde liegen. Im
Ganzen umschreibt diese poetische Richtung das Gebiet, auf
welchem die historische Ueberlieferung in der Form des epi-
schen Gedichts erscheint, und wo beide zusammenfließen.
Der Jugend der Völker wie der Individuen sagen die Auffassung der Ereignisse in dieser Form und Richtung, und
die Begebenheiten, die in der einfachsten und objectivsten
Betrachtung poetischer Natur sind, am meisten zu, aber
auch in andern Zeiten und auf andern Altersstufen macht
sich ihre große Anziehungskraft geltend.

Bei fortschreitender Entwickelung der Cultur und viel-
seitigerer Gestaltung ihrer Zweige tritt die poetische Anschauung und Behandlung historischer Thatsachen zurück
gegen die den Gegenstand in möglichster Congruenz mit der
äußern Wahrheit auffassende. Doch kann diese, die wissenschaftliche Art und Form, sich von der poetischen nicht völ-
lig losmachen; gerade wenn sie nach höherer Vollendung
strebt, muß sie Elemente aus ihr in sich aufnehmen. Auf
dem Standpunkte der Reflexion aber stehen beide einander
entgegen, und es lassen sich auf der Seite der Geschichte,
als gelehrter Kunde der Vergangenheit, die möglichen Be-
trachtungs‑ und Behandlungsweisen folgendermaßen bestimmen.

I. In formaler Hinsicht werden die Thatsachen entweder

A — auf die bloße Autorität irgend einer herkömmlichen
    Ueberlieferung als wahr angenommen: oder es geht

B — der Annahme ihrer Wahrheit und Richtigkeit eine

Prüfung ihrer Glaubwürdigkeit, nach bestimmten Grund=
sätzen im Allgemeinen, nach der Beschaffenheit der Quel=
len im Besondern, voraus. — Der kritische Standpunkt.

II. In Rücksicht auf den Inhalt wird entweder

A — die Geschichte der Völker auf die Darstellung der
vom Staatsleben ausgehenden und der auf dasselbe ein=
wirkenden öffentlichen Ereignisse beschränkt, also auf
Kriege, Friedensschlüsse, Verträge, durchgreifende, sich
mit großem Aufsehen zutragende Veränderungen in der
Verfassung und den Gesetzen, Hader und Kämpfe im
Innern der Staaten: oder es werden

B — auch die inneren Staatsverhältnisse in ihrer Ge=
sammtheit, die geräuschlose Entwickelung der Verfassung
und Gesetzgebung, dann die verschiedenen außerhalb
der eigentlich staatlichen Kreise fallenden Culturerschei=
nungen, insofern sie zum Volksleben in Beziehung
stehen und einen wesentlichen Bestandtheil desselben
ausmachen, berücksichtigt und geschildert.

III. In Rücksicht auf die Auffassung werden die That=
sachen, sie mögen bloß das äußere Staatsleben oder zugleich
die gesammte Cultur betreffen, entweder

A — ganz objectiv, wie sie sich dem Beobachter als äußer=
liche Erscheinungen darbieten, genommen, im Zu=
sammenhange nur in so fern, als dieser sich bei der
einfachsten Betrachtung ganz von selbst ergiebt und
unmittelbar einleuchtet: oder es bemächtigt sich ihrer

B — der Gedanke, indem er dem verdeckten Zusammen=
hange nachforscht, das entfernter Liegende zu verknüpfen,
die Ereignisse als eine Kette von Ursachen und Wir=
kungen zu begreifen trachtet; sie weiter seinem Urtheile

unterwirft, indem er sie sowol nach ihrem moralischen
Werthe, als nach ihrer Bedeutung für ihre Zeit wür=
digt, und nicht minder über den Werth oder Unwerth
der Gesetze, Einrichtungen, Sitten seinen Spruch ver=
nehmen läßt; endlich noch tiefer gehend die Thatsachen
nach ihrer innern Beziehung zu einem vorausgesetzten,
ihnen zu Grunde liegenden geistigen Princip betrachtet,
indem die einzelnen Erscheinungen innerhalb einer und
derselben Volksentwickelung von dem besondern Princip
dieser Nationalität abgeleitet, und diese Principien wie=
der als innerlich zusammenhängende und einander ergän=
zende Offenbarungen des in der ganzen Menschheit
wohnenden und sie beseelenden göttlichen Geistes und
der Idee der Menschheit, die sich in die besonderen
Nationalitäten spaltet und zerlegt, betrachtet werden. —
Der reflectirende, der pragmatische und der philosophi=
sche Standpunkt.

In jeder dieser Betrachtungsweisen bildet A eine Vor=
stufe von B (Erlauben Sie, daß ich mich der Kürze wegen
dieser Bezeichnung bediene), mit andern Worten, B setzt die
gereiftere und geübtere Fassungskraft voraus. Erst auf spä=
tern Entwickelungsstufen der Individuen, der Völker und
der Wissenschaft wendet sich die Betrachtung dahin. Dies
liegt auch ganz in der Natur der Sache. In der Philo=
sophie der Geschichte ist sogar die Stellung der Aufgaben
erst ein paar Menschenalter alt. Bei II ist B allerdings
eben so leicht zu fassen wie A, und erregt theilweise ein
eben so großes Interesse, ja ein noch größeres, die Geschichte
z. B. der Poesie ein allgemeineres als die der Gesetze und
Verordnungen. Aber es ist auch gar nicht der Stoff, der

bei II A die allgemeinere und früher erwachte Theilnahme
bedingt, sondern weil im Staats = und Kriegsleben Thaten
und Leiden stark und nachdrücklich hervortreten, die Ereig=
nisse unmittelbare, Allen fühlbare Wirkungen erzeugen.
Jeder Mitlebende hat mehr oder weniger Kunde von ihnen,
sie sind es, die da, wo die Thaten der Menschen noch nicht
durch die Schrift vor der Vergessenheit geschützt werden,
von Mund zu Mund auf folgende Geschlechter kommen.
Die Entwickelung der Cultur ist dagegen eine ungleich stil=
lere, die Beziehungen zwischen ihr und der Ganzheit des
Völkerlebens ist Jahrtausende hindurch auch von der Ge=
schichtschreibung ganz unbeachtet geblieben, oder selten und
nur im Vorbeigehen in den Kreis ihrer Betrachtung ge=
zogen worden.

Bei der Anführung zweier, wegen ihrer trefflichen Dar=
stellung und classischen Latinität gepriesenen genuesischen
Geschichtschreiber, des Folieta und des Bonfadio, macht
Spittler die Bemerkung: „Schade, daß keinem von bei=
den einfiel, die Nachwelt könnte einmal weit begieriger auf
die genuesische Handelsgeschichte seyn, als auf alle anderen
res gestas." — Setzen wir statt Handelsgeschichte Cultur=
geschichte, auf wie viele größere und berühmtere Historiker
läßt sich dann nicht dasselbe anwenden! Und wenn die
res gestae der Griechen und Römer eine größere Theil=
nahme zu erregen berechtigt sind, als die genuesischen, so
haben wir darum nicht minder zu beklagen, daß ihre größten
Geschichtschreiber sich ihren Kreis so eng gezogen haben.
Freilich haben sie einige ihrer unerreichbaren Eigenschaften
eben diesem engern Kreise zu verdanken. Es rundet sich in
ihm alles besser und anschaulicher zur Einheit, und vom

künstlerischen Standpunkt betrachtet fügt er sich der Dar=
stellung ungleich leichter als die Geschichte der Bildung.
In ihm finden sich die spannenden Schicksalswechsel, in ihm
walten die großen Verhängnisse; kurz, das Interesse an ihm
ist dem der noch ganz auf dem Boden der Poesie stehenden
Geschichte verwandt. Aus diesem Boden haben aber die
Besten der alten Historiker einen Theil ihrer Lebenssäfte
gesogen. Wie die große Schule des sechzehnten Jahrhun=
derts ihnen die Form nachbildete, so folgt sie ihnen in der
Bestimmung des in den Bereich der Geschichte zu ziehenden
Stoffes. Und hat nicht noch H u m e alles außerhalb des=
selben Kreises Fallende in Anhänge, die er Miscellaneous
transactions überschreibt, verwiesen?

Nehmen wir dazu, wie lange auch die historische Kritik
noch in der Kindheit blieb, so sehen wir, daß die ältere
Geschichtschreibung sich der Hauptsache nach auf der Linie
von A bewegte, daß diese sich in manchem Betracht noch
an die poetische Geschichte anschließt, und in jeder Beziehung
den Uebergang zu B macht.

Daher denn auch das Bestreben mancher der feineren
Köpfe unter unsern Historikern, sich ganz auf B zu werfen
und A darüber zu vernachlässigen. Sie möchten von äuße=
ren Staats = und Kriegshändeln nur berichten, wenn sie
etwas auf eigene Forschungen gegründetes Neues darüber zu
sagen haben.

Diese Trennung ist eine aus der natürlichen Entwicke=
lung der Wissenschaft hervorgegangene, für die umfassenden
Zwecke der Geschichtschreibung aber keineswegs wünschens=
werthe. Mit Ausnahme des einfachen Autoritätsglaubens,
dessen Zeit für immer vorüber ist, und durch den sich auf

diesem Gebiete nichts mehr erreichen läßt, ist es die Auf=
gabe der historischen Darstellung, alle jene Beziehungen
in sich aufzunehmen und sie in ein gewisses Gleichgewicht
zu setzen.

Wenn wir aber zwischen den Entwickelungsstufen der
Völker und der Individuen eine gewisse Uebereinstimmung,
und folglich annehmen dürfen, daß die beginnende Bildung
der letzteren wie die der ersteren einen natürlichen Zug und
Hang zu A hat, so wird die für die historische Kunst un=
statthafte Trennung bei der mündlichen Lehre ganz an ihrer
Stelle und nothwendig seyn. Die Bestimmung des auf der
Gelehrtenschule zu beobachtenden Stufenganges sowol, als
des von demselben ganz auszuschließenden Gebietes wird in
der aufgestellten Gliederung natürliche Haltpunkte finden.

Solcher Stufen des eigentlichen historischen Unterrichts
nehme ich auf dem Gymnasium nur zwei, also auch nur
zwei Hauptlehrgänge an, da ich überzeugt bin, daß sie
vollkommen hinreichen, und es nicht für zweckmäßig halten
kann, deren mehrere einzurichten. Thut man dieses, so wird
man schwer vermeiden können in einen von zwei Uebelstän=
den zu gerathen. Entweder werden die Lehrgänge einander
zu ähnlich und durch keinen gehörigen Fortschritt unter=
schieden seyn, oder man wird auf den oberen Stufen den
Stoff zu sehr häufen, und auch in qualitativer Hinsicht
versucht seyn, über den Kreis des Gymnasiums hinauszu=
gehen. Und wirklich leidet die historische Lehrweise gewöhn=
lich an einem dieser Gebrechen, zuweilen an beiden zugleich.
Der Mangel nur einigermaßen genauer Abgrenzungen der
für die verschiedenen Stufen gehörigen Gebiete und die dar=
aus entstehende Unbestimmtheit lassen dem Schüler das ganze

Feld oft wie ein chaotisches erscheinen, von dem er aufs Gerathewohl sich hier ein beliebiges Bruchstück und dort ein anderes aneignet.

Wenn nun an die Stelle eines fragmentarischen Wissens ein wohlgefugtes systematisch zusammengehörendes treten soll, so wird der ganze Unterricht erst an die schon reiferen Schüler zu bringen, also nur auf der oberen (Prima und Secunda umfassenden) und auf der mittlern (Tertia und Quarta in sich begreifenden) Stufe zu ertheilen seyn. Was die beiden untersten Classen betrifft, so wird — da Geschichte und Erdbeschreibung doch Hand in Hand gehen — sich die dem Ganzen dieses vereinigten Lehrzweiges bestimmte Zeit sehr gut und zweckmäßig verwenden lassen, wenn hier das Hauptgewicht auf die Erdkunde gelegt, und dieser Unterricht zugleich als eine Vorhalle für den geschichtlichen gefaßt wird. Ganz ohne geschichtliche Nahrung darf man die Knaben dieser Ordnungen freilich nicht lassen; es soll diese aber keine wissenschaftliche, keine in die folgenden Lehrgänge streng eingreifende seyn, sondern vielmehr hergenommen aus dem das Jugendalter, wie der menschlichen Gattung so des Einzelnen, mit den Reizen der Poesie anlockenden Gebiets, und nicht in die Kategorie des dem Gedächtniß methodisch einzuprägenden Lehrstoffs fallen. Der Zweck dieser Mittheilungen soll freilich noch ein anderer seyn als die Befriedigung des poetischen Bedürfnisses. Die Knaben sollen hier mit den Thaten und Leiden der großen Heroen und Leiter der Menschheit, mit den Repräsentanten weltbewegender Richtungen vorläufige Bekanntschaft machen, was mit dem dichterischen oder novellenartigen Interesse wieder in so fern zusammenfällt, als in dem Leben dieser Heroen in der Regel ein groß-

artiges, aus den Begegniſſen gewöhnlicher Menſchen heraus=
tretendes Verhängniß waltet. Wenn ein Schriftſteller, deſſen
hiſtoriſche Methodik, ſo viel ich ſehen kann, ſowol auf die
folgenden Lehranweiſungen als auf die wirkliche Geſtaltung
dieſes Unterrichts ſeit einem Menſchenalter den meiſten Ein=
fluß geübt hat — wenn Kohlrauſch den Anfang mit Er=
zählungen aus dem alten Teſtamente und dem Homer zu
machen räth, ſo ſtimme ich vollkommen mit ihm überein;
wenn er aber in Quinta ſchon eine kurze Ueberſicht der ge=
ſammten Weltgeſchichte gegeben wiſſen will, ſo kann ich
aus den ſchon angegebenen Gründen nicht beipflichten. Ein
tüchtiges Einprägen einer ſolchen Ueberſicht, zumal wenn ſie
ſich über die ganze Geſchichte erſtrecken ſoll, iſt für Quinta
noch zu ſchwierig; und ſieht man einem halben und läſſigen
Lernen des Vorgetragenen nach, ſo wird mehr geſchadet als
genützt, denn der Schüler nimmt die Läſſigkeit, an die er
ſich einmal gewöhnt hat, auf die folgende Stufe mit hin=
über. Auch Quinta muß nur noch mit dem Unverbundenen,
dem Biographiſchen beſchäftigt werden. Wenn in Sexta
die Heroen des Alterthums aufgetreten ſind, ſo iſt Quinta
mit den weltgeſchichtlich hervorragenden Männern des Mit=
telalters und der neuern Zeit nach ihren äußeren Schickſalen
zu beſchäftigen, wobei der Lehrer freilich, wenn er von
Guſtav Adolf und Wallenſtein ſpricht, des dreißigjährigen
Krieges erwähnen muß, aber nur ſo viel davon beibringen
darf, als zum Verſtändniſſe des Lebens dieſer Männer
durchaus nothwendig iſt, und nur im Vorbeigehn.

Eben ſo wenig kann ich mit dem weitern Gange der=
ſelben Lehranweiſung einverſtanden ſeyn, wenn ſie dem zwei=
ten oder mittlern Curſus die griechiſche, römiſche und deutſche

Geschichte anweis't, und dem dritten oder höchsten die der übrigen neueren Völker und die Culturgeschichte. Ich bin eben so wenig für eine solche Zerstückelung als für die Beschäftigung einer ganzen historischen Classe mit einem einzigen Volke, und wenn es auch das eigene ist. Der Vorrang, der diesem ohne Zweifel gebührt, muß in der größern Ausführlichkeit des Details bestehen, nicht in einer besondern Rücksicht, die schon im Auf= und Grundriß darauf genommen wird. Gerade im systematischen Unterricht muß die Geschichte als ein Ganzes, dessen einzelne Theile sich auf einander beziehen und sich gegenseitig erläutern, genommen werden. Wenn diese Beziehungen, in so fern sie innerliche sind, sich für die Erörterung auf der Schule auch noch nicht eignen, so sind doch äußerliche, die stark genug hervorgehoben werden können und müssen, vorhanden; und sie bilden zugleich das Netz, in welches die inneren und höheren künftig einzutragen sind. Die Entwickelung des deutschen Volkes steht mit der Entwickelung anderer Völker in einem so unzertrennlichen Zusammenhang, es hat so viele Einflüsse von ihnen erfahren, und erfährt sie fortwährend in so hohem Maße, daß die thatsachlichen Grundlagen dieses Zusammenhangs schon in den Elementen gezeichnet werden müssen. Es giebt in der englischen Geschichte z. B. Dinge, die uns viel näher angehen, und welche zu kennen der Gesammtheit der Gebildeten unseres Volkes viel wichtiger ist, als manche deutsche Einrichtungen des Mittelalters, welche auf die weitere Entwickelung schon längst keinen Einfluß mehr geübt haben.

Im Allgemeinen kann jener Zusammenhang nur durch die Cultur bedingt sein; die Cultur steht im Mittelpunkte

dieses Kreises von Beziehungen; je größer die Bildungs=
verwandtschaft, je näher stehen die Völker einander, und je
entschiedner muß die geschichtliche Betrachtung sie in Ver=
bindung bringen. Für die Gymnasien wird es daher auch
keinen andern Maßstab geben können, und keine andere
Regel, um zu entscheiden, welche Völker dem Schüler vor=
geführt werden sollen, und welches größere oder geringere
Maß von Ausführlichkeit sie in Anspruch zu nehmen haben.
Ich wüßte hierüber nichts Anderes und Besseres zu sagen,
als was ich in der Weltgeschichte Bd. I. S. 41—46 über
die Grenzen einer allgemeinen Geschichte von dem Gesichts=
punkte des Bildungsinteresses und über das hieraus abzu=
leitende Verhältniß der einzelnen Theile derselben angegeben
habe, und bitte Sie dort nachzuschlagen, damit ich mich
nicht zu wiederholen brauche. Eine nach diesen Grundsätzen
entworfene Universalgeschichte wird also den Inhalt des
historischen Unterrichts auf dem Gymnasium ausmachen.
Und zwar wird sie zwei mal, nämlich in zwei Lehrgängen,
mit wesentlichen weiter unten näher zu bezeichnenden Unter=
schieden vorzutragen seyn, jedesmal aber mit verhältnißmäßi=
ger äußerer Vollständigkeit, d. h. es wird auch im ersten
Lehrgange der ganze Kreis, den eine solche Universalgeschichte
in sich faßt, zu umschreiben seyn, wenn auch theilweise
nur in ganz allgemeinen Andeutungen. Haben wir nun
den vorbereitenden und einleitenden Unterricht Sexta und
Quinta zugewiesen, so werden sich die vier oberen Classen
in diese beiden Lehrgänge so zu theilen haben, daß im
ersten Quarta, im zweiten Secunda mit der alten Geschichte
(d. h. mit den classischen Völkern nach vorausgeschickter Ein=
leitung über den alten Orient) beschäftigt wird, eben so im

erſten Lehrgange Tertia, im zweiten Prima mit der mo=
dernen Geſchichte (d. h. vornehmlich mit den germaniſchen
und romaniſchen Völkern des heutigen Europa). Doch wird
hier Vieles von der beſondern Beſchaffenheit der Gymnaſien
und den Stufen des Alters und der Fähigkeit, auf welchen
ihre Claſſen ſich befinden, abhangen. Denn der Unterricht,
wie ich ihn im Sinne habe, erfordert allerdings tüchtige
und fortgeſchrittene Quartaner. Haben ſie durchſchnittlich
einen ſolchen Grad von Reife noch nicht erlangt, ſo thut
man beſſer, auch Quarta nur noch an dem einleitenden
Lehrgange Theil nehmen zu laſſen, und die beiden, in wel=
chen eigentliche Geſchichte gelehrt werden ſoll, in einer oder
der andern Weiſe auf Tertia, Secunda und Prima zu ver=
theilen, welches wol leicht dadurch zu bewerkſtelligen iſt,
daß gewöhnlich die eine oder andere dieſer drei Claſſen in
zwei Unterabtheilungen zerfällt. Uebrigens will ich mit Rück=
ſicht auf den propädeutiſchen Curſus zur Vermeidung jedes
Mißverſtändniſſes den erſten Lehrgang den mittlern nennen,
und den zweiten den höhern.

Ich habe nun die Standpunkte und Auffaſſungsweiſen
anzugeben, welche bei der Behandlung des in der angegebenen Weiſe beſtimmten Stoffes dem Gymnaſium eignen,
und zunächſt vom erſten Lehrgang zu ſprechen. Es wird
keines Beweiſes bedürfen, daß dieſem im Allgemeinen der
oben mit A bezeichnete Standpunkt entſpricht. Das heißt,
es ſind hier ſolche Thatſachen hervorzuheben, welche in ihren
unmittelbaren äußerlichen Folgen ſcharf hervortreten, ſie ſind
nach ihrem äußerlichen Zuſammenhange zu verknüpfen, und
als ſchlechthin gegebene zu betrachten. Nur bei der Rubrik II
wird etwas von B herüberzunehmen ſein, nämlich aus der

Geschichte der Wissenschaften und Künste, in so fern hervor=
ragende Erscheinungen und Epochen auf deren Gebiete tief
in das Leben eingegriffen und eine allgemeine Berühmtheit
erlangt haben.

Dieser doppelten qualitativen Beschränkung muß aber
eine quantitative zur Seite gehen. Hier scheint mir das
gewöhnliche Verfahren sehr zu fehlen, d. h. über das rechte
und nothwendige Maß weit hinauszuschreiten, wie aus den
meisten Lehrbüchern, die für die Gymnasien entworfen sind
und auf ihnen gebraucht werden, unzweideutig zu erkennen ist.

Es sollen auf dieser Stufe die Elemente der Geschichte
so gegeben werden, wie als Anfänge des Sprachunterrichts
die Elemente der Grammatik, nämlich auf alle Weise dem
Geiste so fest eingeprägt, daß ihre Kenntniß ihm immer
zu Gebote steht. Sie sollen zu einer parata doctrina
werden, zu derjenigen, welche wir, nach Ernesti's Erklä=
rung, ita in potestate habemus, ut semper sit in
promtu, ut nobis facile ac statim, quae opus sint,
sine sollicita et ambitiosa prensatione, offerat, oc-
curatque ubivis in tempore. Man soll, wenn man ihrer
bedarf, eben so wenig zu Tabellen oder sonstigen Hülfs=
mitteln zu greifen genöthigt seyn, wie zur Grammatik über
die Elemente der Declinationen und Conjugationen. Aber
die erste Bedingung für die Erreichung dieses Zieles ist eine
große Beschränkung der mitzutheilenden Thatsachen. Giebt
der Lehrer so viel, daß das Gedächtniß überhäuft wird, und
sieht er sich dadurch genöthigt, bei der Wiederholung nicht
mit aller Strenge darauf zu bestehen, daß der Schüler sich
das Vorgetragene vollkommen angeeignet hat, so kann er
auch den durch das Detail hindurchgehenden Grundfaden

nicht mehr festhalten, der Schüler behält vom erstern, was sich ihm als interessant darbietet, und vom letztern bleiben ihm nur Fragmente. Wird nun der in dieser Weise halb= unterrichtete Schüler zu höheren Stufen entlassen, und auf diesen des Stoffes noch mehr und immer mehr gegeben, so häufen sich die Massen immer chaotischer, während der sichere Besitz allgemeiner Umrisse feste Haltpunkte gewährt, an die sich neuer Stoff, wenn er nicht allzu reichlich dargeboten wird, leicht anschließt, ohne die Uebersicht des Ganzen zu verwirren oder zu erdrücken.

Aber, wird man einwenden, andere Zwecke und selbst die Bedingungen des geschichtlichen Unterrichts verbieten, ihn in so knappe Umrisse einzuzwängen. Nur durch eine gewisse Ausführlichkeit läßt sich das belebende Colorit erreichen, ohne welches dem Knaben keine rechte Theilnahme einzuflößen ist. Gut. Es werden sich zwar auch allgemeine Umrisse lebhaft coloriren lassen, doch dem sei so. Aber hieraus folgt nichts, als daß es neben dem mündlichen Vortrage noch etwas an= deres geben muß, was dem ganzen Unterricht als Grund= lage dient. In jenem bringe der Lehrer so viele besondere Umstände, so viele Sittenzüge der Völker und Zeitalter im Allgemeinen und der Heroen im Besondern an, wie ihm nöthig und zweckmäßig scheint; hier male er aus mit aller der Wärme, durch welche auf die Einbildungskraft, das Ge= müth und die Gesinnung gewirkt werden muß. Eine nähere Anweisung läßt sich darüber eben so wenig geben, wie der Lehrer, welchem Geisteslebhaftigkeit und Talent zum Unter= richten überhaupt nicht fehlen, einer bedarf. Zu warnen nur ist der Unerfahrene, daß er alles Rhetorische und Kunst= mäßige vermeide, vielmehr bedacht sei, nicht nur lebhaft, sondern auch schlicht und einfach, in kurzen, leicht faßlichen Sätzen erzähle. Nichts schreckt den Schüler so zurück, als das Langathmige und Eintönige.

Wie aber diesen Vorträgen gegenüber die Grundlage des Ganzen, der den Lehrstoff im engern Sinne in sich schließende Umriß der Anschauung und dem Gedächtniß zu leichter Auffassung und sichrer Einprägung darzubieten ist — dies hat die Lehranweisung zu erörtern; es ist die Aufgabe der besondern historischen Methodik.

Auf andern der Sinnenwelt und Erfahrung angehörenden Gebieten sehen wir Lehre und Unterricht keinesweges von der ursprünglich gegebenen Beschaffenheit und Form des Gegenstandes ausgehen, diese keinesweges gleich anfangs als unmittelbares Object der Betrachtung ins Auge fassen. Die Sprachlehre hat die Sprache als lebendige, zusammenhängende Rede zum Gegenstand, aber sie geht von einer Auflösung derselben in ihre Elemente, in Wörter, Sylben, Buchstaben aus; oder sie setzt vielmehr diese Analyse als schon geschehen voraus, um von der Betrachtung des Baues der gesonderten Bestandtheile zur Synthese derselben im Satze und der lebendigen Rede, von der sie ausgegangen ist, hinaufzusteigen. Was sie aus dem fließenden Strome derselben herausgehoben und für die Betrachtung festgehalten hat, bildet den Inhalt ihrer Lehre. Und eben dieses Herausheben macht die Lehre zu einer systematischen, streng und scharf aufzufassenden.

Einen der Geschichte ungleich näher verwandten, ja mit ihr zusammengewachsenen Unterrichtszweig bildet die Erdkunde. Welches ist die ursprüngliche Form des Stoffes, den die Grundlage jeder besondern Erdkunde, die topische

nämlich, verarbeitet? Offenbar der Bericht, den der Wan=
drer von den Anschauungen, die sich ihm darboten, giebt.
Und diese Form wird von der durchgebildeten Wissenschaft
so wenig bei Seite gelegt, daß vielmehr der Begründer der=
selben in unsern Tagen seinem großen Werke den Haupt=
inhalt vieler Reiseberichte einverleibt, um den Leser aus
diesen Urquellen selbst schöpfen zu lassen, und die Aufmerk=
samkeit auf den Zusammenhang zwischen ihnen und dem ge=
wonnenen allgemeinen Ergebniß stets rege zu erhalten. Geht
aber darum der Elementarunterricht denselben Weg? Keines=
weges. Er sucht vielmehr das Entlegene zusammenzurücken,
und vor Allem die Verhältnisse der großen Linien und Mas=
sen, der Küsten, Gebirge, Hauptflüsse in möglichst allge=
meinen Umrissen der Anschauung tief einzuprägen, indem
er die Betrachtung des Einzelnen in seiner zusammenhän=
genden räumlichen Entwickelung, wie es dem Reisenden er=
scheint, späteren Studien überläßt. Zuerst muß der Schüler
ein Bild vom Laufe des Rheins festhalten, wie er auf einer
Generalkarte erscheint, in seinen allgemeinsten Verhältnissen
zu den Alpen, dem Meere, den großen Flüssen in seiner
Nähe. Durch welche Felder, Fluren, Hügel hindurch der
Strom den Schiffenden von einem Punkte zum andern lei=
tet, welche Landschaftsbilder sich ihm hier darbieten, gehört
den Elementen des Unterrichts durchaus nicht an.

Ganz anders die Geschichte. Ihre ursprüngliche Form
ist die Erzählung, denn jede geschichtliche Erscheinung in so
fern sie aufbehalten wird und sich von Geschlecht zu Ge=
schlecht fortpflanzt, erscheint in dieser Gestalt, und Erzäh=
lung bleibt sie in der durchgebildeten Kunstform wie in der
Wissenschaft, wenn diese nicht etwa die Betrachtung vom

lebendigen Leibe der Thatsachen abtrennt. Aber auch im
Unterricht, der in der Mitte zwischen beiden steht, tritt sie
in keiner andern Form auf. Der Lehrer erzählt, und läßt
sich wieder erzählen. Dies steht jedoch ganz auf der Linie
des Wiedererzählens irgend einer erfundenen Begebenheit.
Ist diese überdies nach Inhalt und Form poetisch, so trägt
sie auch in Bezug auf das Gedächtniß den Sieg über eine
geschichtliche davon. Denn unter den Mitteln, die zur Er=
reichung des dichterischen Zweckes dienen, kommen manche
auch dem Gedächtniß vortrefflich zu Statten, und der Knabe
behält den Inhalt einer Ballade oder Romanze viel leichter
als einen vorgetragenen Abschnitt aus der Weltgeschichte.
Schon hieraus geht entschieden hervor, daß Erzählen und
Wiedererzählen nicht die rechte Form für die Befestigung des
geschichtlichen Stoffes seyn kann. Und eben dahin führt
auch die nachgewiesene Analogie anderer Wissenschaften, in
so fern sie ihrem Stoff eine von seiner Erscheinung in ihrer
Ganzheit verschiedene, auf die Lehre berechnete Gestalt geben.
Eine solche würde daher auch für die Geschichte zu suchen
seyn. Nicht freilich für die Ausmalung des Einzelnen im
Vortrage des Lehrers, deren Zweckmäßigkeit wir anerkannt,
auch ihre Unentbehrlichkeit zugestanden haben, denn diese
wird sich schwerlich einer andern Gestalt fügen als der der
Erzählung. Wol aber für jenes andere strenge Element des
Unterrichts, zu dem sich die Erzählung verhält, wie zur
Zeichnung die Färbung.

Hier nun müssen wir freilich gestehen: das Nacheinan=
der ist eine für alles Geschichtliche so nothwendige An=
schauungsform, daß der Versuch vergebens seyn wird, die
Hauptthatsachen der Geschichte so von der erzählenden Dar=

stellung einzelner Begebenheiten und ihrer Verknüpfung zu
größeren Maſſen zu trennen, wie auf der Karte der Lauf
der Grenzen, Gebirge, Flüſſe von den landſchaftlichen Bil=
dern, die ſie in der Wirklichkeit gewähren, losgelöſ't iſt.
Aber was nicht vollſtändig zu erreichen iſt, dem kann, dem
muß man ſich wenigſtens zu nähern ſuchen.

Das eigentliche Ergebniß des geſchichtlichen Studiums
iſt nicht ſowol die Kenntniß der Ereigniſſe, als vielmehr
die ihrer Wirkungen, der Verhältniſſe und Erſcheinungen,
die ſich als ihre Folge geſtalten und firiren. Dieſes Feſt=
werden iſt freilich oft nur von ſehr kurzer Dauer, der fort=
fließende Strom der Begebenheiten ergreift es und löſ't es
wieder auf, aber in ſeinem Beſtehen hat es eine weit größere
geſchichtliche Wichtigkeit, als die That, durch die es erzeugt
wurde. Die Eroberung einer Provinz z. B. durch eine ge=
wonnene Schlacht, die durch ſie herbeigeführte Veränderung
in der gegenſeitigen Stellung der kriegführenden Parteien
iſt für die Erkenntniß der Geſchichte in ihrem durchgreifen=
den und allgemeinen Beziehungen weit wichtiger als die
Schlacht ſelbſt, ſo gewiß wie ein entſcheidendes Treffen
wichtiger iſt, als eines welches unentſchieden und ohne Fol=
gen bleibt, und wenn in dem letztern eine noch ſo große
Fülle von Genie und Heldenkraft zu Tage gekommen wäre.
Dieſe Großheit der unmittelbar erſcheinenden, die Einbil=
dungskraft feſſelnden That hebt die mit hellem Farbenglanz
malende Erzählung am liebſten hervor; ſie ſchiebt unver=
merkt dem eigentlich geſchichtlichen Intereſſe, dem an dem
Werden, Entſtehen und Vergehen von Verhältniſſen und
Geſtalten im Völkerleben die Theilnahme an der bloßen Be=
gebenheit unter. Immer wieder iſt es das an das Dich=

terische streifende Element, dem wir uns für die Zwecke des strengern Unterrichts nicht hingeben dürfen.

Es würde viel zu viel gesagt seyn, wenn man behaupten wollte, dieser Gedanke, die Geschichte in der Form des Lehr= begriffs müsse das Gewordene mehr hervorheben als das Werdende, sei nicht schon gefaßt und durchgeführt worden. Er liegt den Handbüchern des geist = und geschmack= vollen Heeren zu Grunde. Wäre nun etwa hier zu fin= den, was wir suchen? Gewiß schon darum nicht, weil diese Lehrbücher für Universitätsvorträge bestimmt sind. Das Gymnasium muß sich aber sehr hüten, in den Bereich der Universität hinüberzuschweifen; es kann sich seines Zweckes, wenn er der Begrenzung nach oben entbehrt, minder be= stimmt bewußt werden, ihn also auch mit weit geringerer Sicherheit erreichen. Aber auch eine Nachbildung der Hee= renschen Form und Art für Schulbedürfnisse würde ich nicht billigen, da sie das Gewordene, den Einfluß der Begeben= heiten nicht unter der Form einfacher Thatsachen hinstellen, sondern als Betrachtung.

Und da ich nun einmal auf vorhandene litterarische Hülfs= mittel gekommen bin, muß ich Ihnen bekennen, daß ich mich nach irgend einem andern, meinem Gedanken recht entspre= chenden Lehrbuche — alle sonstige Trefflichkeit und Brauch= barkeit derselben in Ehren — vergebens umgesehen habe. Einige bekennen schon dadurch, daß sie für beide, für die Schule wie für die Universität brauchbar seyn wollen, daß sie diese ganz verschiedenen Standpunkte auf eine, wie es mir scheint, unpraktische Weise vermischen. Eben so wenig lassen sich die Zwecke des Leitfadens und des Lesebuchs ver= einigen. Und doch müssen manche, auch ausgezeichnete

Schriftsteller diese Meinung hegen, da sie auch in kurzen Lehrbüchern die Form der Erzählung beibehalten, die Absicht, das Gedächtniß zu unterstützen, aber gewiß nicht erreichen, da diese Form der zusammenhängenden Erzählung, welche um Raum zu ersparen so viel als möglich abkürzt und zusammendrängt, der Anmuth und Mannigfaltigkeit, deren der Erzählungston so sehr bedarf, ganz entsagen muß, vielmehr unvermeidlich in eine Trockenheit verfällt, welche der bezweckten Uebersicht und Anschaulichkeit grade entgegenwirkt. — Weit eher möchten schon die Bücher zu empfehlen sein, welche statt ausgeführter Sätze nur abgerissene Worte enthalten, aber auch sie bieten theils einen zu großen Stoffreichthum dar, theils haben sie den Zweck, eine möglichst schnelle Uebersicht zu gewähren, nicht genug im Auge. — Gewiß, liebster Freund, werden Sie in diesen kritischen Bemerkungen nicht mehr Anmaßung finden, als in jedem Entschluß, ein neues Lehrbuch herauszugeben. Denn wenn der Verfasser ein seine Wünsche befriedigendes gefunden hätte, warum würde er die große Zahl der bereits vorhandenen noch vermehren?

Dem zuletzt genannten Erforderniß, der schnellen und bequemen Uebersicht, scheinen die historischen Tabellen am meisten zu entsprechen, aber als Grundlage des Unterrichts sind auch sie nicht brauchbar, weil sie ihrer Natur nach nur einen Zusammenhang unter den Thatsachen berücksichtigen können, nämlich den chronologischen, und je genauer und sorgfältiger sie gearbeitet sind, je mehr sie den Namen von Zeittafeln verdienen, je entschiedener ordnen sie die Begebenheiten nach der genauen Zeitfolge. Nun kann aber dieser Zusammenhang unmöglich die alleinige Norm für die

Verknüpfung der Thatsachen seyn, er wird vielmehr in der schriftlichen Darstellung wie im mündlichen Lehrvortrage häufig andern verbindenden Umständen, der Gleichartigkeit, Ursachlichkeit, oder sonstigen inneren Beziehungen weichen müssen. Ich will unter den Zeittafeln, die sich selbst auf dem Titel als zum Gebrauch für höhere Gymnasialclassen bestimmt bezeichnen, die besten, die ich kenne, nennen, die von Peter über die griechische und römische Geschichte. Die große Gelehrsamkeit und die ἀκρίβεια mit der sie gearbeitet sind, die Schärfe des Ausdrucks, die zweckmäßige Wahl der mitgetheilten, beweisenden und erläuternden Quellenstellen erkenne ich nach ihrem ganzen Werthe an. Wie sie aber vermöge ihrer Anordnung dem Schüler dienen können, die Thatsachen schnell zu übersehen und aufzufassen, leuchtet mir keinesweges ein. Auch enthalten sie des Stoffes viel zu viel, was freilich schon in der Natur guter und gründlicher Zeittafeln liegt. Denn die bloß chronologische Anordnung muß danach streben, sich zu füllen, weil sie nur die Aufeinanderfolge der Jahre zum Faden hat, der von einer Thatsache zur andern leitet. Finden sich in diesem aber große Lücken, so wird er ganz zusammenhangs= und haltungslos erscheinen.

Daß in dem zu reichlichen Stoff, den Lehrbücher oder Tabellen darbieten, kein Hinderniß ihres Gebrauchs beim Unterricht liegen könne, indem es dem Lehrer ja freistehe, eine Auswahl zu treffen, wird mir wol kein Erfahrner einwenden. Haben die Verfasser etwas mehr im Auge gehabt, als bloß äußerliche Aneinanderschiebungen, so wird durch ein solches Ausheben das Wichtigste, der systematische Zusammenhang, zerrissen. Und schon für den Zweck einer ge=

ordneten Wiederholung ist es nothwendig, daß der Schüler den Abriß, den er in die Hände bekommt, sich ganz zu eigen mache, was bei dem mündlichen Vortrage, der viele Nebenumstände mit aufnehmen kann und darf, sich anders verhält.

Es erfordert schon bei dem Anblick eines großen, aus vielen Figuren bestehenden Gemäldes Uebung, über dem Einzelnen das Ganze, seine Anordnung und Gruppirung nicht aus den Augen zu verlieren; aber der Darstellung einer zusammengesetzten geschichtlichen Begebenheit gegenüber ist es noch weit schwieriger. Im Bilde wird Beides, das Einzelne wie das Ganze, mit einem und demselben Blicke gesehen; - in der geschichtlichen Darstellung wird die Anschauung des Ganzen erst durch eine besondere Geistesthätigkeit, welche es aus dem Einzelnen formt, gewonnen. Diese aber wird dem Ungeübten nicht leicht, er wird lange in Gefahr seyn, das Unwichtige mit dem Wichtigen zu verwechseln, und das Allgemeine aus dem Besondern lange nicht herausfinden können. Es wird also Sache des Unterrichts seyn, dem Schüler ein Schema zu geben, in welchem er nicht etwa bloß das Besondere in abgekürzter Gestalt wieder findet, sondern welches jene Operation, die das Ganze aus dem Einzelnen bildet, schon vollzogen enthält, worauf daher die Forderung, daß der Schüler sich vollständig damit vertraut mache, um so entschiedener gegründet werden kann.

Hieraus und aus der obigen Unterscheidung zwischen der Betrachtung der Begebenheit an und für sich und der des dadurch, wenn auch nur für eine sehr kurze Zeit, Gestalteten sind die Grundsätze, nach welchen zweckmäßige Schemata abgefaßt seyn müssen, leicht herzuleiten.

Unsere Lehrbücher gehen eigentlich darauf aus, demjenigen, der einen geschichtlichen Abschnitt nach allen seinen Beziehungen und im Detail kennen lernen will, einen Faden an die Hand zu geben, der ihn hindurch leitet; das Lehrschema, welches ich im Sinne habe, strebt vor Allem darnach, die leichteste Ueberſicht, ein anschauliches Bild und eine Handhabe für das Gedächtniß zu liefern.

Das wichtigſte Erforderniß deſſelben iſt daher, daß es eine in die Augen ſpringende architektonische Gliederung habe. Jeder Abſchnitt, der ein mehr oder weniger abgeschloſſenes Ganzes bildet, zerfällt nach einem logisch durchzuführenden Princip in Hauptſtücke, dieſe in Unterabtheilungen, welche, in ſo fern es nöthig iſt, wieder weiter getheilt werden. Das Princip der Eintheilung muß einfach, klar und leicht faßlich ſeyn; oft muß daher ein äußerliches einem innerlichen vorgezogen werden, wenn das letztere auch das bei weitem wichtigere, den Gang der Dinge mehr beſtimmende ſeyn ſollte. Denn hier kommt Alles darauf an auf die Thatſachen als Erſcheinungen Schlaglichter fallen zu laſſen. Sollte daher durch den ſtark hervorgehobenen, perſönlichen oder ſachlichen Eintheilungsgrund ein anderer, eben ſo wichtiger Beſtandtheil zurücktreten müſſen; ſo wird man auch dieſes nicht geradezu ſcheuen, wenn man ſich nur recht klar gemacht hat, daß die Lehre ganz andere Zwecke zu verfolgen hat, als eine gleichmäßige Berückſichtigung des ganzen durch die Geschichtsmaſſen verzweigten Geäders.

Da die Durchführung des Eintheilungsprincips eine Zuſammenſtellung des Gleichartigen nöthig macht, wird die Anordnung keinesweges immer eine ſtreng chronologische ſeyn können. In der ſprachlichen Darſtellung kann man ſich

sowol des vollständigen als des elliptischen Satzes bedienen,
oder auch (wodurch am entschiedensten angedeutet wird, daß
das Schema nur erinnern, nicht lehren soll) der Form der
Capitelüberschrift; doch sind Andeutungen, die nichts ent=
halten als ein an und für sich nicht verständliches Gedanken=
merkmal, zu vermeiden. Je schärfer das Eigenthümliche und
Unterscheidende der Abtheilungen und Unterabtheilungen aus=
gedrückt wird, je mehr man sich den Regeln, welche die
Logik über die Bestimmung der Geschlechter und Arten und
die Definitionen derselben aufstellt, nähern kann, desto besser
wird man seinen Zweck erreichen. Man trachte, die einzel=
nen Glieder möglichst in Beziehung zu dem Ganzen und
zu einander zu stellen; kann man den Hauptstücken Unter=
abtheilungen geben, welche mit denen der andern correspon=
diren, so erleichtert dies die Auffassung und Uebersicht un=
gemein. Ein Parallelismus der Glieder, der im zusammen=
hängenden Vortrag gesucht erscheinen würde, eine Vorliebe
für die Antithese, die in demselben mit Recht als Beweis
des falschen uud gesunkenen Geschmacks gilt, werden hier
verstattet und am rechten Orte sein.

Doch einige Beispiele werden die Beschaffenheit der Um=
risse, die ich im Sinne habe, am besten klar machen. Ich
beginne mit der Geschichte Alexanders des Großen. Ver=
gleichen Sie mein kurzes Schema nur immer mit Peters
Tabellen, welche diesem Könige den Text von 10 Quart=
seiten widmen, damit Sie sehen, wie viel weniger Detail
ich dem Gedächtniß der Schüler zumuthe.

**Alexander der Grosse, der Eroberer des persischen Reiches, 336 — 323 v. Chr. — Ol. CXI — CXIV.**

I. **Die Eroberung vorbereitet durch die Befestigung der macedonischen Herrschaft in Europa im siegreichen Kampfe mit Barbaren und Hellenen.**

   a) Alexanders Feldzüge gegen nördliche Barbaren bis über die Donau hin.

   b) Bewegungen in Griechenland, die Unabhängigkeit wieder zu erlangen, gedämpft durch ein zweimaliges Erscheinen Alexanders und die Zerstörung von Theben.

II. **Der Umsturz des persischen Reiches unter Darius Kodomannus, dem letzten Achämeniden, durch einen siebenjährigen Krieg Alexanders 334 — 28 v. Chr. Ol. CXI—CXIII.**

  A. Die Eroberung gegen die Perser.

   a) von Kleinasien durch den Sieg am Granikus;

   b) alles Landes im Westen des Euphrat durch den Sieg bei Issus, die Eroberung von Tyrus und einen Feldzug nach Aegypten, wo Alexandria gegründet wird;

   c) der Landschaften am Euphrat und Tigris und der dortigen Hauptstädte durch den Sieg bei Gaugamela;

   d) des innern östlichen Iran nach dem Fall des Darius durch Bezwingung von Usurpatoren und sehr beschwerliche Kriegszüge.

  B. Hemmungen und Schwierigkeiten durch Hellenen und Macedonier.

   a) Hellenischer Solddienst bei den Persern, besonders unter dem kriegskundigen Rhodier Memnon.

b) Aufstand des Königs Agis von Sparta durch Antipater unterdrückt.

c) Dreifache Unzufriedenheit der angesehenen Macedonier mit Alexander: mit seinem rastlosen Vorwärtsstreben, der Gleichstellung der vornehmen Perser, den eingeführten Formen der asiatischen Königsverehrung. Daher Verschwörungen und harte Bestrafung derselben.

### III. Versuch das eroberte Reich zu erweitern und kurze Rast.

a) Zug durch das indische Pendschab bis zum Hyphasis und zum Ausfluss des Indus. Kämpfe mit den kriegerischen Eingebornen ohne dauernden Erfolg. Rückzug zu Wasser und zu Lande.

b) Unter der Beschäftigung mit innern Einrichtungen und Plänen zu neuen Eroberungen stirbt Alexander zu Babylon.

Sie werden sagen, dies sei kein sonderliches Probestück, da sich die Geschichte des macedonischen Helden von selbst gruppire. Die Bezwingung des persischen Großreichs steht in der Mitte, das Vorher und Nachher fügt sich von selbst daran. Es gilt also den Versuch, eine verwickeltere Aufgabe zu lösen. Nach einer solchen darf ich nicht weit suchen, denn es wird wol keinen geschichtlichen Abschnitt geben, welcher sich der Uebersicht schwerer fügt, als die Begebenheiten der Nachfolger Alexanders.

## Die Diadochen 323—280 v. Chr. Ol. CXIV —CXXIV. Alexanders Familie von seinen ehrgeizigen Feldherren verrathen und

ermordet, sein Erbe Gegenstand eines drei und vierzigjährigen Kampfes unter denselben. Daraus hervorgehende Gründung besonderer Reiche.

I. Die königliche Familie unter Vormundschaft des Perdikkas, die übrigen Feldherren Statthalter. Ihr Streben sich unabhängig zu machen, das des Perdikkas, im Namen der als Erben Alexanders eingesetzten Fürsten das Ganze zu beherrschen. Sein Kampf und Fall Ol. CXIV.

a) Arrhidäus und Alexander, der Sohn der Roxane, Könige. Unter den Statthaltern Antigonus und Eumenes in Asien, Antipater in Macedonien, Lysimachus in Thracien, Ptolemäus in Aegypten die hervorragendsten.

b) Griechenland kämpft im lamischen Kriege tapfer, aber ohne Ausdauer, daher erfolglos um seine Selbständigkeit. Sturz der antimacedonischen Partei in Athen. Tod des Demosthenes.

c) Antipater, Ptolemäus und Antigonus gegen Perdikkas verbündet, welcher bei einem Einfall in Aegypten von den Seinen ermordet wird.

II. Die königliche Familie theils ermordet, theils im Gewahrsam ihrer Feinde. Der sich für sie erhebende Eumenes von den übrigen Statthaltern geächtet. Sein Kampf und Fall.

a) Beim Tode Antipaters Macedonien zwischen seinem Sohne Kassander und dem von ihm eingesetzten Polysperchon gespalten. Olympias, Alexanders Mutter, auf des letztern Seite, lässt Arrhidäus und dessen

Gemahlinn tödten, und wird später auf Kassanders Veranlassung umgebracht.

b) Durch diese Spaltung die Parteikämpfe im Innern Griechenlands noch verwickelter, die Schicksale noch wechselnder. Phocions Hinrichtung.

c) Einfluss derselben macedonischen Parteiung auf den Kampf zwischen Antigonus und dem von Polysperchon unterstützten Eumenes in Asien. Des letztern Untergang durch den Verrath der Seinen.

III. Die königliche Familie vollends ausgerottet. Fortwährende Kriege der nun auch dem Namen nach unabhängigen Diadochen. Antigonus, der Ehrgeizigste, waffnet alle Uebrigen gegen sich. Seine Kämpfe und sein Fall.

a) Hinrichtung des jungen Königs Alexander und seiner Mutter Roxane durch Kassander, der Herr in Macedonien bleibt.

b) Griechenlands Befreiung, Vorwand für die nach seinem Besitz lüsternen Diadochen, sich gegenseitig daraus zu verdrängen. Des Antigonus Sohn Demetrius Poliorcetes von den Athenern als ein solcher Befreier angesehen und wie ein Gott verehrt.

c) Antigonus trotz der Verbindungen wider ihn Herr in Asien. Doch setzt sich Seleukus in seinem Rücken in Babylon fest, 312 v. Chr. Anfang der seleucidischen Aere.

d) Der Königstitel von den Diadochen angenommen nach einem Seesiege des Demetrius über den Ptolemäus bei Cypern. Ol. CXVIII.

e) Untergang des Antigonus in der Schlacht bei Ipsus gegen Lysimachus und Seleukus, 301 v. Chr. Ol. CXIX. Die Sieger theilen sein Reich. Kleinasien an Lysimachus.

IV. **Die Diadochengeschichte nach dem Ausgang des Antigonus (bis 280 v. Chr. Ol. CXXIV) ohne einen grossen Mittelpunkt, die Begebenheiten vereinzelter und zersplitterter. Alexanders Reich bleibt getheilt.**

a) Das Haus Kassanders geht unter Freveln schnell zu Grunde.

b) Ein grosser Theil Griechenlands, für einige Zeit auch Macedonien, in den Händen des Demetrius. Dessen übermüthige Pläne, Sturz durch ein Bündniss, und ruhmloses Ende. Behauptung Macedoniens durch Lysimachus.

c) Die Reihe der Diadochenkämpfe geschlossen durch einen Krieg zwischen den beiden Siegern von Ipsus. Niederlage und Fall des Lysimachus, Kleinasien die Beute seines Ueberwinders Seleukus. Ermordung desselben, des letzten der Kriegsgenossen Alexanders, in seinem Siegeslaufe.

d) Mitten im vielfachen Schwanken allmähliche Gestaltung der Theile des grossen Erbes zu abgesonderten Staaten, besonders dreier Hauptreiche, Aegyptens, Syriens und Macedoniens.

Wenn Sie zur Vergleichung wieder Peters Tabellen aufschlagen, so werden Sie finden, daß dieser der Diadochengeschichte nicht einmal so vielen Raum widmet, als der Alexanders, ich also jene ausführlicher behandelt habe.

Aber dies scheint nur so, denn einfache Massen lassen sich leicht zusammenziehen, bei so verwickelten hat man nur die Wahl, entweder sich mit einigen Worten einer allgemeinen Charakteristik oder der Angabe des Anfangs und des Endes zu begnügen, oder die Hauptmomente, welche den Faden durch das Labyrinth darbieten, deutlich hinzustellen. Im Grunde habe ich hier noch weit mehr der Verknüpfung des Einzelnen zur zusammenhängenden Erzählung dienendes Detail über Bord geworfen als bei der Geschichte Alexanders.

Die angenommene Begrenzung der drei ersten Abschnitte hat auch Heeren. Die Uebersicht der Begebenheiten, sagt er, wird am zweckmäßigsten erhalten, wenn man theilt: bis auf den Tod des Perdikkas — bis auf den Tod des Eumenes — bis auf die Niederlage des Antigonus. Und so überschreibt er die Abschnitte. Aber mit solchen so häufig vorkommenden, eigentlich aber nichts bezeichnenden Ueberschriften „Von — bis auf" ist es für meinen Zweck nicht gethan. Es kommt vielmehr darauf an, möglichst die charakteristischen Besonderheiten der Abschnitte, die sie von den übrigen unterscheiden, ja, wenn es seyn kann, einander ausschließende Merkmale in die Ueberschriften zu legen, und sie so in gegenseitige Beziehung zu setzen.

Ich habe die drei Punkte, welche in dem Verlaufe dieser Begebenheiten das meiste Interesse erregen, die Schicksale der königlichen Familie, die Zustände Griechenlands, und die durch die Pläne der hervorragendsten Persönlichkeiten bezeichneten Wendepunkte des Diadochenkampfes, herausgenommen, und in jedem Abschnitt in derselben Folge angedeutet. Im vierten war dies allerdings, besonders für den ersten Punkt, nicht durchzuführen; um aber doch an dieselbe

Stelle ein einigermaßen correspondirendes Glied zu setzen, habe ich den Untergang des Kassandrischen Hauses genommen, der mit der Ausrottung der Familie Alexanders im Verhältnisse der rächenden Vergeltung steht, wie Pausanias, IX, 7, 4, sagt: Κασσάνδρῳ μὲν ὅστις δὴ θεῶν τὴν δίκην ἔμελλεν ἀποδώσειν.

Verzeihen Sie, daß ich mich selbst so commentire. Ich glaubte es thun zu dürfen, um die Grundsätze, nach welchen ich die Schemata entworfen wünsche, recht deutlich zu machen.

Was die angegebenen Jahrzahlen betrifft, so sehen Sie, daß ich damit ziemlich sparsam umgehe, und für einzelne Begebenheiten viele weglasse, die sich in allen Lehrbüchern finden. Dagegen kann ich den Schülern die Hinzufügung der Olympiaden so wenig erlassen, als in der römischen Geschichte die der Jahre der Stadt (am besten wol nach der Varronischen Aere). Beide sind für eine gelehrte Kenntniß der alten Geschichte, zu welcher doch auf den Gymnasien der Grund gelegt werden soll, durchaus erforderlich, und es ist gewiß gut mit dem Erlernen derselben schon auf der mittlern Stufe anzufangen. Sie haben übrigens gegen die Rechnung nach Jahren v. Chr. gehalten den großen Vorzug, daß sie vorwärts zählen, und die Olympiaden noch überdies den, daß sie die Uebersicht durch den größern Zeitraum, den sie in sich fassen, erleichtern. Der Erreichung dieses Zweckes würde aber die Beifügung des Olympiadenjahres entgegenstehen, welches daher aus den Umrissen wegzulassen ist.

Erlauben Sie mir, Ihnen noch zwei Beispiele aus der mittlern Geschichte vorzulegen.

# Gründung des fränkischen Reiches in Gallien und Germanien.

I. **Beide Länder zur Zeit der Auflösung des weströmischen Reiches unter folgende Staaten und Völker getheilt.**

A. **In Gallien.**

a) Zwei römische Staaten: ein Rest des westlichen Reiches an der Seine und Armorica, das sich unabhängig gemacht hat.

b) Zwei germanische Reiche mit überwiegend römischer Bevölkerung: das burgundische an der Rhone und ein Theil des westgothischen zwischen der Loire und den Pyrenäen.

B. **An beiden Rheinufern:** zwei germanische Völker, die Franken und die Alemannen.

C. **Nur auf dem rechten Ufer:** vier deutsche Völker, die Bajoaren, die Thüringer, die Sachsen und die Friesen.

II. **Grosse Ausbreitung der fränkischen Macht durch König Chlodowig den Merowinger aus dem Stamme der salischen Franken (reg. 481 —511).**

A. **Chlodowig unterwirft sich**

a) das Gebiet der Römer an der Seine durch einen Sieg bei Soissons;

b) die Amoriker durch einen Vertrag;

c) einen grossen Theil der Alemannen durch einen siegreichen Krieg;

d) den grössten Theil der westgothischen Besitzungen in Gallien durch einen Sieg bei Vouglé;

3 *

B. befestigt seine Herrschaft, indem er

a) nach dem Siege über die Alemannen mit Vielen seiner Franken die Taufe empfängt, und zwar katholischer, nicht arianischer Christ wird;

b) alle andern Fürsten der Franken, sowol der salischen als der ripuarischen, verrätherisch ausrottet.

## Friedrich I. Barbarossa (1152—1190).

I. **Friedrichs Walten in Italien.** Fünf Züge dahin in Begleitung grosser deutscher Heere. Hartnäckige Kämpfe mit den Städten und dem päpstlichen Stuhle. Ihr Ausgang den Absichten des Kaisers nicht entsprechend.

a) **Der Kaiser und die Städte.** Unabhängigkeitstrachten und Widerspänstigkeit der meisten oberitalischen. Mailand ihr mächtiges Haupt, zugleich Unterdrückerinn der Freiheit anderer. Ihre mehrmalige Unterwerfung und Wiedererhebung. Die Päpste und die Könige von Sicilien, ihre Bundesgenossen.

b) **Der Kaiser und die Kirche.** Friedrich, von Hadrian IV. gekrönt, kann das gute Vernehmen mit ihm nicht erhalten. Nach Hadrians Tode Schisma durch eine zwiespältige Papstwahl. Die Oberhand in der Kirche behält Alexander III., der dem Kaiser feindliche Papst, und bannt ihn.

c) **Des Kaisers Glück und Unglück.** Mailands Einnahme und theilweise Zerstörung 1162; Rom 5 Jahre nachher erobert, und Alexander vertrieben. Aber zugleich wird ein mächtiger Bund von 15 lombardischen Städten gestiftet, Mailand wiederhergestellt, das deutsche Heer in Rom durch eine Seuche fast vernichtet. Niederlage des Kaisers 1176 bei Lignano, welche den ganzen Kampf zur Entscheidung bringt.

d) **Die Aussöhnung.** Zur Nachgiebigkeit genöthigt erkennt Friedrich Alexander III. bei einer Zusammenkunft zu Venedig als Papst an, und gewährt 1183 den lombardischen Städten im Frieden zu Kostnitz in wesentlichen Punkten Unabhängigkeit.

e) **Neue grosse Hoffnungen.** Vermählung des römischen Königs Heinrich mit Constantia, der Erbinn des sicilischen Reiches.

II. **Friedrichs Walten in Deutschland. Neue Erhebung und Fall der Welfischen Macht.**

A. **Die Reichsregierung im Allgemeinen.** Grosses Ansehn des Kaiserthrons bei Einheimischen und Auswärtigen. Friedrich mit Erfolg thätig gegen Friedebrecher.

B. **Friedrich und Heinrich der Löwe.**

a) **Heinrichs Wiedereinsetzung.** Seine Ansprüche auf Baiern 1156 befriedigt durch Zurückgabe des verkleinerten Herzogthums. Oestreich zum erblichen Herzogthum erhoben.

b) **Heinrichs Wachsthum und Uebermuth.** Seine Macht im Norden durch Eroberungen gegen die Slaven auf dem rechten Elbufer ansehnlich erweitert. Seine herrschsüchtigen Anmassungen gegen die sächsischen Bischöfe und Fürsten, und Kämpfe mit ihnen. Spannung mit dem Kaiser bis zur Verweigerung der Heeresfolge vor dem Feldzuge von Lignano.

c) **Heinrichs Fall.** Seine Aechtung durch einen Aus-spruch der **Fürsten.** Er widersetzt sich, und unter-liegt im Kampfe. Das Welfische Haus auf seine Erb-güter in Sachsen, Braunschweig und Lüneburg, be-schränkt. Das Herzogthum Sachsen fast ganz aufgelös't. In dem abermals verkleinerten Baiern Otto von Wit-telsbach Herzog.

## III. Friedrichs Kreuzzug und Ende.

a) Jerusalems Eroberung durch Saladin 1187. Auch der Kaiser nimmt das Kreuz, und zieht mit einem grossen Heere durch Griechenland.

b) Friedrichs Sieg bei Ikonium und Tod im Flusse Ka-lykadnus.

Sollte sich diese meist sachliche Anordnung nicht dem Gedächtnisse weit leichter einprägen als die gewöhnliche nach der Folge der italienischen Züge?

Einige deutsche Verhältnisse, besonders was sich durch die Germanisirung im Osten der Elbe und durch die Auf-lösung des Herzogthums Sachsen neu gestaltete, sind hier weggelassen, weil sie besser in eine allgemeine Uebersicht der Veränderungen in der Hohenstaufischen Zeit passen.

Eben so gehört die Heerfahrt des Kaisers nach Asien, wenn wir den oben aufgestellten Grundsätzen gemäß allge-meine, nicht gesondert deutsche Geschichte vortragen, nicht in die Abschnitte von den deutsch-italienischen Verhältnissen, sondern in die von den christlich-morgenländischen zu gebende Uebersicht, wo sie in die nothwendige Verbindung mit den gleichzeitigen Kreuzzügen der Könige von Frankreich und England gebracht werden müssen. Aber das Bild einer Wirksamkeit wie die Friedrichs muß seine Abrundung erhalten, wenn es auch nur in einer Andeutung geschieht. Das Nähere kommt dann in einer zusammenhängenden Geschichte der Kreuzzüge später vor, oder es wird, je nachdem die Anordnung gemacht ist, darauf zurückverwiesen. Solche Wiederholungen, die sich in einer für die Litteratur bestimmten Darstellung freilich übel ausnehmen, sind im Unterricht oft sehr an ihrer Stelle. Doch möchte ich, um es hier beiläufig zu bemerken, diesen Grundsatz keinesweges bis zur Durchführung einer vollständigen ethnographischen Anordnung, wie sie sich in manchen Lehrbüchern findet, ausgedehnt wissen, nämlich nicht so weit, daß Begebenheiten, die zwei Völker betreffen, auch zwei mal vorgetragen werden, etwa das eine mal abgekürzt. Denn dieses ist dem Zwecke einer die Begebenheiten der einzelnen Völker zur Weltgeschichte verbindenden Uebersicht hinderlich. Die punischen Kriege z. B. in dem Abschnitt über Karthago behandelt, sind dem Schüler kaum verständlich. Wenn in einem solchen Abschnitte das Nöthigste und Wichtigste bis zum fünften Jahrhunderte vor Chr. vorgekommen ist, sind die späteren Schicksale dieser Republik der sicilisch = griechischen und der römischen vorzubehalten, wo sie erst den welthistorischen Eindruck machen können.

· Die mitgetheilten Beispiele werden hinreichen, Ihnen die Beschaffenheit, das Maß und die Form der Lehrstücke, welche dem mittlern Lehrgang dienen sollen, zu bezeichnen. Eine ganz besondere Aufmerksamkeit und Sorgfalt ist demnächst auf die Wiederholungen zu richten, größere vielleicht als bei irgend einem andern Unterrichtsgegenstande.

Auf das Lehrstück, nicht auf die Erzählung, die es begleitet und erläutert, ist die Forderung des Einprägens

ins Gedächtniß zu gründen. Es beschränkt sich auf das
Wichtigste, nicht nur um die Uebersicht zu erleichtern, son=
dern auch damit der Schüler es sich ganz zu eigen mache.
Bei der Wiederholung schließt sich der Lehrer an dasselbe
an, und läßt nicht ab, bis er überzeugt ist, daß es im Ge=
dächtniß fest haftet. Von Zeit zu Zeit kommt er auf die
Umrisse früherer Abschnitte zurück, bei allgemeineren Wieder=
holungen sowol, als bei jeder Gelegenheit, wo der Fortgang
der Geschichte sich auf ältere Begebenheiten bezieht, oder
leicht in die Augen fallende Analogien darbietet.

Die Form der Erzählung hat hier den wesentlichen Nach=
theil, daß sie keine festen Anhaltpunkte für die Wiederholung
darbietet, die Hauptglieder treten in den Hintergrund gegen
das Nacheinander in der Begebenheit, welches der Lehrer
festhalten muß, weil sich der gegebene Faden sonst ganz ver=
liert. Daher so oft die Frage: „Und was geschah sodann?"
durch die das Hauptglied, der Einschnitt, sich gar nicht ge=
nug hervorheben und unterscheiden läßt von dem bloß ver=
bindenden Mittelgliede. Indem sich in der Seele des Schü=
lers das zu Merkende immer wieder hervordrängt in der
Form, in der es ihm überliefert worden, verlieren seine Ant=
worten die nöthige Schärfe, und die ganze Wiederholung,
in welcher Fragen und Antworten keinen rechten Haltpunkt
haben, nimmt dadurch zuweilen eine tumultuarische Beschaf=
fenheit an, die den Lehrer hindert, das Maß der Kenntnisse
der Einzelnen mit der erforderlichen Genauigkeit zu beur=
theilen. Diesem zu entgehen, fordert er die Schüler oft
zum bloßen Wiedererzählen des Vortrags auf, ein Verfahren,
bei welchem jener Zweck noch viel weniger erreicht wird.

Die Grundrisse hingegen, die ich vorschlage, helfen, wenn

mich nicht Alles täuscht, durch ihre scharfe, beim ersten Blick faßliche Gliederuug über diese Schwierigkeiten hinweg. Der Lehrer fängt mit der Haupteintheilung an, geht dann zu den Unterabtheilungen fort, und endet mit den einzelnen Bestimmungen und Merkmalen derselben. Es muß das Lehrstück sich leicht und schnell in Fragen und Antworten auflösen lassen, und wenn der Schüler nur erst einige Uebung im Gebrauche desselben erlangt hat, so vollzieht er diese Verwandlung selbst schon vor der jedesmaligen Prüfung durch den Lehrer, und sieht sich dadurch in der Lösung der an ihn gestellten Aufgaben wesentlich unterstützt.

Wir können uns nun zu der weitern Frage über die Art, wie der höhere Lehrgang einzurichten ist, wenden.

Als das erste, unumgängliche Erforderniß ihn einzuleiten, betrachte ich, daß der Lehrer nicht etwa, wie es sehr häufig der Fall ist, nur irgend eine ganz allgemeine, unbestimmte Kenntniß der von neuem vorzutragenden Gegenstände voraussetze, sondern daß vielmehr ein sehr bestimmter, genauer, steter Zusammenhang zwischen beiden Lehrgängen herrsche, ohne welche Uebereinstimmung weder ein methodischer Fortschritt Statt finden, noch die unnütze Vergeudung einer kostbaren Zeit vermieden werden kann.

Zu einer vollständigen Erreichung dieses Zweckes wäre es sehr wünschenswerth, daß in den vier Classen, welche die beiden Lehrgänge bilden, ein und derselbe Lehrer den Geschichtsunterricht ertheile, eine Maßregel, die sich auch aus andern Gründen sehr empfehlen dürfte. Wo sich dies nicht einrichten läßt, muß wenigstens gefordert werden, daß die Classen, in welchen dieselben Theile der Geschichte in den beiden Lehrgängen behandelt werden (also — in so fern die Vertheilung nach dieser Norm gemacht ist — Quarta und Secunda, und dann wieder Tertia und Prima) denselben Lehrer haben. Ein anderer würde das Maß von Kenntnissen, welches er zu fördern, den Grund des weitern Baues, den er als gelegt zu betrachten berechtigt ist, nur sehr unvollkommen bestimmen können.

Weiß er aber besser als sonst Jemand was die Schüler inne haben können und sollen, so wird er auch am leichtesten, sichersten und raschesten den Anfang mit der nothwendigen Bedingung fernerer Schritte machen. Er wird nämlich bei jedem Abschnitte zuerst prüfen, ob die Schüler das über denselben im mittlern Lehrgange gegebene Lehrstück noch vollkommen inne haben, und sie von neuem darin möglichst festsetzen. Erst dann geht er zu dem über, was auf dieser höhern Stufe Weiteres und Neues überliefert werden soll, welches dann zu dem Inhalt des mittlern Lehrgangs in der genauesten Beziehung steht, und sich zu ihm verhält, wie neuer Erwerb zu einem für eine Sammlung bestimmten Fachwerk. Je besser dieses eingerichtet und eingetheilt, je übersichtlicher es angelegt ist, desto schneller und leichter werden hinzukommende Stücke an den gehörigen Stellen eingeordnet, und desto mehr befördert es die Bekanntschaft mit dem ganzen System und dessen einzelnen Theilen.

Wir sahen, daß der mittlere Lehrgang seinen Inhalt zum allergrößten Theile aus der oben mit A bezeichneten Region hernimmt. Die Erweiterungen, welche der höhere bedarf, werden zunächst auch von dem reichen Stoffe, den sie enthält, dargeboten. Ueber die dabei zu treffende Auswahl lassen sich freilich eben so wenig bestimmte Regeln geben,

wie bei einem geschichtlichen Schriftwerke; doch werden wir
vornehmlich diejenigen Besonderheiten hervorzuheben haben,
welche entweder eine merkwürdige Begebenheit in ein vorzüglich helles Licht setzen, und im ersten Lehrgange nur
weggelassen worden sind, um der Anschauung möglichst einfache Linien darzubieten, oder solche, deren Kenntniß durch
viele Anspielungen im Leben und in der Litteratur von der
reiferen Jugend nicht füglich entbehrt werden kann.

Ferner kommt die Zuthat aus dem Bereiche B in Betracht. Wenn wir schon dem mittlern Cursus aus II B
Einiges überweisen konnten, so wird dies natürlich im höhern
noch weit mehr der Fall seyn dürfen und müssen. Die deutsche Litteraturgeschichte hat ihre besonderen Stunden, nicht so
die der übrigen Völker, es wird also die Sache des allgemeinen historischen Unterrichts sein, die Schüler mit den
Hauptepochen der vorzüglichsten fremden Litteraturen ver-
mittelst der Personen und Werke, die sie bezeichnen, nach
ihren wichtigsten äußern Beziehungen, bekannt zu machen.
Dasselbe gilt von der bildenden Kunst, und auch von den
Staatsverfassungen und den Gesetzen, in so fern sie als Thatsachen genommen, nicht zum Gegenstand einer beurtheilenden
Betrachtung gemacht werden.

Den Standpunkt, den wir mit I B bezeichneten, den
kritischen, haben wir von dem mittlern Lehrgange ganz ausgeschlossen; mit dem höhern wird es sich nicht ganz so verhalten können. Der Schüler muß hier einen Vorschmack
von der prüfenden Behandlung der Geschichte erhalten, aber
eben nur einen Vorschmack, sonst wird er verwirrt, nicht
aufgeklärt. Denn der kritische Sinn erwacht in der Regel
erst in schon etwas vorgeschrittenen Jahren, bei Manchen,

auch bei sonst nicht übeln Köpfen, nie. Darum muß sich
das Gymnasium auf die faßlichsten kritischen Bemerkungen
beschränken, d. h. auf die, welche einzelne Thatsachen betreffen, und wo die Prüfung sich auf den größern oder geringern Grad der Glaubwürdigkeit der Zeugen zurückführen
läßt, aber Alles ausschließen, was auf allgemeinen Begriffen
und Ansichten beruht, z. B. auf dem Verhältniß der mythischen Geschichte und ihrer Wahrheit zur Wahrheit der mit
dem objectiven Thatbestande übereinstimmenden. Daß auf
der mittlern Stufe die wichtigsten geschichtlichen Mythen
nur so, wie sie von Dichtern und Geschichtschreibern überliefert sind, vorgetragen werden, braucht kaum erinnert zu
werden. Es bedarf hier keiner andern Aussonderung als
der des Wunderbaren und Uebermenschlichen. Auch im höhern
Lehrgange gehe man nicht weiter, als daß man auf den
Unterschied zwischen ganz ersonnenen Dichtungen und den
fabelhaften Hüllen eines Kerns von geschichtlicher Wahrheit
hinweise, die Beschaffenheit dieses wahren Kerns aber dahin-
gestellt seyn lasse. Nur wo sich aus der mythischen Ueberlieferung unbestreitbar gewisse historische Thatsachen aus-
schälen lassen, z. B. aus den Fahrten der Hellenssöhne die
Verbreitung der hellenischen Stämme über Griechenland,
mache man ausdrücklich darauf aufmerksam, damit solche
einem mythischen Zeitalter angehörende Begebenheiten dem
Schüler, der sie in der Mitte unzähliger Dichterfabeln erblickt, nicht als zweifelhafte erscheinen. Alles andere hieher
Gehörige bleibe spätern besondern Studien oder der Universität vorbehalten.

Wol mag es einem Lehrer, der mit eigenen, diesem Gebiete angehörenden Untersuchungen beschäftigt ist, oder aus

Vorliebe für die Aufgaben, die es stellt, sich in die Forschungen Anderer vollkommen hineingedacht hat, Ueberwindung kosten, seine Schüler von der Theilnahme wenigstens an den Ergebnissen der Untersuchungen, die ihm am Herzen liegen, auszuschließen. Wenn er aber bei näherer Ueberlegung dem Geständniß nicht wird ausweichen können, daß auch nach seiner Erfahrung die Gymnasialjugend weder das rechte Interesse noch die rechte Fähigkeit für kritische Betrachtungen besitzt, wird er sich in dieses Opfer finden. Es ist eine Entsagung, wie sie auch der Lehrer der classischen Sprachen üben muß. Schriftstellerische Arbeiten — und wenn die Muße auch nur zu kleinen ausreicht — gewähren Entschädigung dafür.

Noch ist das letzte Gebiet übrig, **III** B. Von diesem muß ich behaupten, daß nur ein einigermaßen daran streifendes, weiter unten näher zu bezeichnendes Element auf die Schule gehört, das Gebiet als solches aber gar nicht, wiewol ich darauf gefaßt bin, hier auf einen noch stärkern, wiewol aus anderen Gründen stammenden Widerspruch zu stoßen. Nicht zwar, als ob Jemand der Meinung seyn könnte, daß Philosophie der Geschichte, diese jüngste aller philosophischen Disciplinen, bei deren Anfängen selbst die Wissenschaft noch steht, auf dem Gymnasium vorgetragen werden solle. Aber, wird man sagen, pragmatische Bemerkungen, leitende Urtheile, die Würdigung der socialen und politischen Zustände, sind wesentlich nöthig zu demjenigen Verständniß der Geschichte, ohne welches das ganze Studium auch unterbleiben könnte. — Ich antworte, daß es auf dem Gymnasium auch gar nicht beschlossen werden soll. Es kann da nur ein voreiliger Genuß jener Gedanken-

früchte Statt finden, welcher als ein übereilter mehr Schaden wirken muß, als er Nutzen stiften kann.

Sie werden mich vielleicht der Inconsequenz zeihen, liebster Freund, und mir vorhalten, daß ich selbst kürzlich den
Anfang einer Weltgeschichte habe erscheinen lassen, in der
ich den populären Darstellungen derselben das Recht zu-
spreche, Streifzüge wie auf das kritisch= so auf das philo-
sophisch=geschichtliche Gebiet zu unternehmen. Wenn ich aber
wünschen darf, dieses Werk von Lehrern bei ihrem Unterricht benutzt zu sehen, so folgt daraus noch nicht, daß es
räthlich sei, den ganzen Inhalt desselben in den Vortrag
aufzunehmen. Das kunstlose Nachdenken des reiferen Alters,
dem ein guter Theil dessen, was ihm durch die Schulsprache
unzugänglich ist, verständlich gemacht werden kann und soll,
hat andere Bedürfnisse als die Jugend, welche auf Gelehrtenschulen und ähnlichen Anstalten gebildet wird. Mag diese
künftig die streng wissenschaftliche Laufbahn betreten, oder
außerhalb derselben stehen bleiben, immer wird sie die Pe-
riode der Geistesentwickelung und Reife zu erwarten haben,
die für die rechte Auffassung der Weltgeschichte von jenem
höhern Standpunkte erst geschickt macht. Wenn es je eine
Zeit gegeben hat, in welcher Allen, welche jene Probleme
an sich kommen lassen, nicht weniger als denen, welche sich
mit ihrer Lösung beschäftigen, die größte Kaltblütigkeit und
Besonnenheit zu empfehlen ist, so ist es wahrlich die unsre!

Oft und viel ist über die Lehren der Geschichte für das
Leben, besonders für das öffentliche, geschrieben worden, mit
Hinweisung auf das Alterthum, welches sie als die größten
Ergebnisse geschichtlicher Erfahrungen und Betrachtungen
ansah. Da sollte man meinen, ihre rechte Auffassung finde

sich von selbst. Leider hat aber die Menschheit nicht nur darüber zu klagen, daß diese Lehren und die großen War=nungen, die sie enthalten, so oft unbeachtet geblieben sind und fortwährend überhört werden, sondern auch über die falsche und unzeitige Anwendung dessen, was man in der Geschichte zu lesen glaubt. Wenn Hegel behauptet, daß Völker und Regierungen niemals nach Lehren, die aus der Geschichte zu ziehen gewesen wären, gehandelt haben, weil jede Zeit so eigenthümliche Umstände habe, ein so individueller Zustand sei, daß in ihm aus ihm selbst entschieden werden müsse, was zu thun sei: so spricht er wol nur von dem Bestreben, einzelne Fälle nach der Richtschnur schon vorge=kommener ähnlicher zu behandeln, was allerdings als ein ganz empirisches Verfahren in die Irre führen und erfolglos bleiben muß. Denn im Großen und Ganzen stehen die Zeitalter in einem so innerlichen Zusammenhange, von wel=chem auch Diejenigen, die ihn so schnell als möglich ganz aufgehoben wünschen, sich nicht zu trennen vermögen, daß die Menschen fortwährend zurückblicken, ihre Zustände mit früheren vergleichen, und nicht nur durch die stille, ohne ihr Zuthun wirkende Gewalt dieses Zusammenhangs fortgetrie=ben werden, sondern auch vermöge der Eindrücke desselben, die sie in ihr Bewußtsein aufgenommen haben. Aber das richtige Verhältniß der Vergangenheit zu jenen „eigenthüm=lichen Umständen und individuellen Zuständen" der Gegenwart zu ermessen — da liegt der Knoten! Das Alterthum konnte viel leichter auf die Erfahrungen der Geschichte hinweisen. Hoc illud est praecipue in cognitione rerum salubre ac frugiferum, omnis te exempli documenta in illustri posita monumento intueri. Die alten Republiken befanden

sich im Ganzen und Großen auf demselben Boden der Ge=
sinnung, des Ideenkreises, des Staatszwecks, des Verhält=
nisses des Individuums zum Staate. So konnte man auch
in der Uebergangsperiode vom Mittelalter zur neuern Zeit,
wo so viele Vorstellungen aus dem Alterthum wieder auf=
tauchten, namentlich in Italien, welches sich alten römischen
Zuständen wieder nahe gerückt glaubte, sich dem Gedanken
hingeben, daß in der Befolgung der alten Grundsätze und
Beispiele das wahre Heilmittel gegen alle politische Uebel
liege. Daher Machiavelli in der Einleitung zu den
Discorsi die Vernachlässigung dieser Lehren aus vollster
Ueberzeugung beklagen, und sie der Unwissenheit und Trägheit
der Menschen zuschreiben konnte. Donde nasce, sagt er,
che infiniti che leggono, pigliano piacere di udire
quella varietà delli accidenti che in esse si conten-
góno, senza pensare altrimente d'imitarle, giudicando
la imitazione non solo difficile, ma impossibile; come
se il cielo, il sole, gli elementi, gli uomini fossero
variati di moto, di ordine e di potenza, da quello
ch'egli erano anticamente.

Machiavelli schrieb in einem Zeitpunkte, in welchem die
tiefe innerliche Verschiedenheit der antiken und der modernen
Zustände, die Einfachheit der ersteren, die verwickelte Be=
schaffenheit der letzteren, in der That übersehen werden
konnten. Jetzt aber, wo jene Verschiedenheit und diese Ver=
wickelung noch viel größer und bedeutender, die Reflexion,
die sie erkennen lehrt, viel schärfer, die Bilder, die aus den
Jahrtausenden hervortretend sich uns darbieten, viel zahl=
reicher geworden sind; wie viel schwieriger ist es da auch
geworden, zu erkennen, was aus früheren Jahrhunderten,

aus dem Mittelalter wie aus dem Alterthum, für uns noch passend und heilsam seyn mag! Und wenn sich auch, wo es auf Erwerbung und Sicherstellung materiellen Besitzes durch Gewalt und List ankommt, Maximen aufstellen lassen, die bei sonst sehr abweichender Gestaltung der Zustände ihre Geltung behalten, so wird doch jetzt die Welt in ihren Tiefen von ganz andern Fragen bewegt. Mit den Aufgaben, welche die inneren staatlichen und gesellschaftlichen Verhältnisse dar=bieten, wird man so schnell nicht fertig. Darum sehen wir denn auch, wie man zuweilen in dem Wahne, sich auf der Spur großer geschichtlicher Erfahrungen und Lehren zu be=finden, grobe Mißgriffe begeht und ein verkehrtes Verfahren einschlägt, weil man die unerlaßliche Voruntersuchung, ob jene Erfahrungen nicht durch Zustände und Ueberzeugungen bedingt waren, welche keine Bannformel wieder hervorzu=zaubern vermag, entweder gar nicht, oder übereilt und ober=flächlich angestellt hat. Auch auf diesem Gebiete ist es wahr: die ganze Erkenntniß führt zum Heil, statt der halben wäre gar keine besser. Vermöge der halben rodet man bald Pflan=zungen aus, die den Nachkommen noch Früchte und Schatten gewährt hätten, bald verschwendet man Mühe und Kräfte, Bäume zu erhalten, deren Wurzeln verdorrt sind. Hier das Rechte zu treffen, gehört zu den schwierigsten Problemen, denn es kommt auf nichts geringeres an, als auf das Ein=dringen in das Verhältniß des sich in immerwährender Nothwendigkeit gleichbleibenden zu der steten Wandelung des sich entwickelnden und fortschreitenden Geistes.

Nichts desto weniger sprechen weit verbreitete, beliebte Bücher über diese ernsten Aufgaben mit einer Zuversicht ab, die eben so groß ist wie ihre Oberflächlichkeit. Andere

unterstützen die schroffe Einseitigkeit der geschichtlichen Leh=
ren, die sie vortragen, durch Heftigkeit, die imponirt und
ihnen als Charakter angerechnet wird. Die Geschichte muß
es sich gefallen lassen, nicht nur gemißbraucht, sondern von
der Leidenschaft der Parteien im entgegengesetztesten Sinne
gemißbraucht zu werden. Hier berufen sich Die auf sie,
welche alles Heil im starren Festhalten am Ueberlieferten,
dort Die, welche es im Wegwerfen alles durch die Ent=
wickelung Gestalteten erblicken. Unsere westlichen Nachbaren
erzeigen jetzt der Weltgeschichte die Ehre, sie als eine Vor=
bereitung zu ihrer Revolution zu betrachten. Dies ist in
einem gewissen Sinne freilich wahr: in dem nämlich, daß
die Revolution in einer andern Gestalt aufgetreten seyn
würde, wenn der ihr zunächst vorangegangene Moment
nicht gerade der gewesen wäre, der er war, wie dieser wie=
der durch den ihm vorangegangenen bedingt war, und so
fort ins Unendliche zurück. Nur daß dies eben keine neue
Entdeckung ist, und bedenkliche Folgerungen lassen sich dar=
aus gewiß nicht ableiten. Wenn man nun aber in diesen
vorangegangenen Bewegungen Tendenzen erblicken will und
dem Leser vorgaukelt, welche erweisen sollen, daß die Re=
volution nicht auf die rechte Weise gemacht worden, und
belehren, wie diese rechte Weise künftig in Anwendung zu
bringen sei; so sind dies Hirngespinnste, die man belächeln
könnte, wenn sie nicht zugleich so verderblich wirkten.

In der Mitte eines solchen Wirbelwindes von Meinungen
steht auch der Gymnasiallehrer. Wird er trotz großer Ge=
wissenhaftigkeit und Sorgfalt der Prüfung sich von allen
Irrthümern, welche dieser Sturm aufwühlt, haben frei er=
halten können? Wird er sich nicht von manchen Zweifeln

bedrängt fühlen? Und wird es nicht schon darum gerathen
seyn, von jenen Problemen auf der Schule zu schweigen?
Ueber Gegenstände und Maß der Lehre können Bedenken,
die auf subjectiven Verhältnissen beruhen, gewiß nicht die
Hauptentscheidung geben, aber neben Gründen, welche aus
der Sache selbst hergenommen sind, dürfen sie in die Wag-
schale gelegt werden.

Allerdings sollen gewisse Grundideen durch den Geschichtsunterricht hindurchtönen, und des Schülers Ohr geübt werden, sie zu vernehmen. — Religion und Vaterland — von
diesen beiden Punkten ist alle Theilnahme an den Begebenheiten der Vorzeit, als ihre Darstellung noch einen ganz
dichterischen Charakter trug, ausgegangen; und zu Religion
und Vaterland strebt die Geschichte zurück, denn auch auf
den höchsten Stufen, zu welchen sie ihre Entwickelung geführt hat, will sie die Seelen erfüllen mit dem Glauben an
eine waltende Vorsehung, welche wie den Einzelnen so die
Völker zu den Zielen, welche sie ihnen gesteckt hat, leitet,
und mit Begeisterung für das Vaterland, für sein Wohl
und sein Gedeihen, sein leibliches und sein geistiges Wachsthum. Die Erkenntniß der ewigen Wirksamkeit Gottes in
der Tiefe der menschlichen Ereignisse, die Nothwendigkeit der
Erhebung des Menschen über den beschränkten häuslichen
Kreis zu den Angelegenheiten des Vaterlandes, das ihn ge-
boren, und des Staates, dessen Glied er ist, die Einsicht,
daß er mit diesen geistig zusammenwachsen und ein höheres
Daseyn in ihnen gewinnen muß — sie werden von der Geschichte unmittelbar gepredigt, es sind keine durch die Reflexion in sie hineingetragene und dann erst wieder aus ihr
zu entwickelnde Ideen. Im Knaben- und beginnenden Jüng-

lingsalter, welches sich gern noch ganz in die äußere Ge=
stalt der Dinge versenkt, ist auf die volle Stärke dieser ein=
fachen, unmittelbaren Wirksamkeit der Geschichte allerdings
noch nicht zu rechnen. Wie die beste Wirkung der Poesie
zwar von dem Gedichte selbst ausgehen muß, nicht von Er=
läuterungen über dasselbe, die Jugend aber dennoch durch
Hinweisungen auf das Wesen und die Eigenthümlichkeit des
Poetischen ungemein gefördert, ihr noch schlummernder Sinn
dafür zuweilen durch solche Winke erst geweckt wird, und
dann die rechte Stärke und Richtung erhält: so und in
noch größerm Maße werden auch auf dem Gebiete der Ge=
schichte manche Hindeutungen des Lehrers auf die religiösen
und vaterländischen Elemente, welche in den mitgetheilten
Begebenheiten und Schicksalen liegen, ersprießlich und erfor=
derlich seyn, um den Sinn und die Theilnahme der Zöglinge
auf diese Punkte zu lenken und ihre Seelen aus den frischen
hier fließenden Quellen zu tränken. Schon auf der mittlern
Stufe wird sich manche Gelegenheit zu solchen Bemerkungen
ganz von selbst darbieten; auf der höhern werden sie zu
erweitern und dem fortgeschrittenen Fassungsvermögen anzu=
passen seyn. Und wenn wir nur das Gemüth in Betrach=
tung ziehen, über jede andere Bedeutung, jeden andern
Nutzen der Geschichte hinwegsehen wollen, möchte eben hierin
die segensreichste Wirksamkeit des Lehrers derselben liegen.
In so fern wir aber aus der Geschichte nicht Nutzanwen=
dungen ziehen, sondern sie als ein bestimmtes Object fassen
und lehren wollen, müssen wir — worauf ich schon an=
fangs deutete und hier zurückkommen muß — diese Wirkung
auf das Gemüth, diese Belebung der religiösen und vater=
ländischen Gesinnung, scheiden von der Lehre; für diese

haben wir nur den wissenschaftlichen, zunächst thatsächlichen Theil unserer Disciplin ins Auge zu fassen. Ich verglich schon oben in Bezug auf den Schlüssel zur Methode den griechischen und lateinischen Sprachunterricht, und kann auch hier wieder sagen: so wenig Bemerkungen — und mögen sie die anregendsten und ersprießlichsten seyn — über den Geist und die erhebende Gesinnung der großen Schriftsteller des Alterthums als ein Theil dieses Unterrichts gelten können, so wenig gehören jene den geschichtlichen Vortrag durchziehenden Hindeutungen in den geschichtlichen Lehrbegriff. Sobald wir ihnen hier einen Platz anweisen wollen, werden sie eben nicht mehr Hindeutungen und Winke bleiben, sondern sich in Sätze, die dem begrifflichen Elemente angehören, verwandeln, die vaterländischen Anregungen in Aussprüche über die unserer Nation eignenden Gesetze und Verfassungsformen und deren Entwickelung, die religiösen in Ansichten über das Verhältniß der göttlichen Offenbarung zu dem Gange der Weltgeschichte, in eine Erörterung der Frage über die Beziehung des religiösen Glaubens der Völker zu ihrer Cultur und deren Erzeugnissen. Damit befinden wir uns aber in der Mitte von Problemen, welche der Abtheilung III B angehören, und nicht die leichtesten derselben sind.

Wenn wir nun dieses Gebiet, das Gebiet der reflectirenden, abstrahirenden, philosophirenden Betrachtung von der Schule ausschließen müssen, nicht etwa im Interesse irgend eines außerhalb der Unterrichts-Grundsätze befindlichen Princips, welches die Lehrfreiheit beschränken möchte, sondern vermöge dieser Grundsätze selbst, in so fern sie in der folgerechten Durchführung der Methode liegen: soll doch darum der höhere Cursus vom mittlern auch in der Lehre sich nicht bloß unterscheiden durch eine Zugabe äußerlicher Thatsachen und einige kritische Anfänge. Es kann und soll den Schülern hier schon etwas gezeigt werden von den Gedanken, Bestrebungen, Strömungen, welche die Zeiten bewegen, und ihre Eigenthümlichkeit den Ereignissen aufdrücken, ohne daß wir uns darum auf das begriffliche Gebiet begeben; und sie sollen ihnen gezeigt werden in einer Gestalt, die, ohne den begrifflichen Charakter zu tragen, doch in ihren Umrissen bestimmt genug ist, um in dem Lehrstück bezeichnet werden zu können.

Die Auffassungsart, welche ich hier im Sinne habe, konnte in der Tafel, die ich Ihnen oben mittheilte, keine Stelle finden, weil sie zwischen dem Gebiete der reinen Thatsache und dem des sie erzeugenden und sich darin abspiegelnden Gedankens in einer gewissen Mitte schwebt, und nach streng logischer Scheidung theils dem einen, theils dem andern zufallen müßte, in der Darstellung aber sich in jener Schwebe um so leichter zu erhalten vermag, weil sie den Gedanken da ergreift, wo er sich ihr ganz als ein Object darbietet, wie die Thatsache. Ich spreche von der Auffassung der in den Zeiten herrschenden Richtungen, der Motive, aus welchen gehandelt wird, der Wege, welche zu den aufgesteckten Zielen führen sollen, nicht als in der Natur der Dinge liegender Nothwendigkeiten, als Glieder einer zusammenhängenden Kette, sondern als einzelner Erscheinungen, welche als innere auf die äußeren wirken, nämlich als subjectiver Antriebe, Gefühle und Ueberzeugungen in den Handelnden, ohne Rücksicht auf das Verhältniß ihrer Ansichten und Bestrebungen zu einem allgemeinen Princip und deſſen Richtigkeit. Die bewegenden Principien erſcheinen hier als lebendige, in Individuen oder ganzen Völkern in beſtimmten Zeiten thätige Kräfte, treten daher aus den Abſtractionen, welchen wir den Zutritt zur Schule haben verſagen müſſen, heraus, oder es wird vielmehr der bewegende Gedanke hier noch als ein ganz lebendiger geſchaut, er iſt noch nicht zu einer aus der Anſchauungsweiſe des Betrachters zurückſtrahlenden Abſtraction geworden. — Die Reden, welche die alten Geſchichtſchreiber den handelnden Perſonen in den Mund legen, um die Gründe ihrer Rathſchläge und Handlungen zu entwickeln, ſtehen auf dem Boden einer ſolchen Auffaſſung und Behandlung der Geſchichte, nehmen aber freilich oft nebenbei Sätze von abſtracter Färbung in ſich auf. — Ueberhaupt werden ſich beide Gebiete allerdings oft nahe berühren, ihre Grenzen zuweilen aus feinen Linien beſtehen, doch wird ihr Ineinanderfließen immer zu verhindern ſeyn, wenn Abſicht und Aufmerkſamkeit auf die Unterſcheidung gerichtet bleiben.

Nehmen wir als Beiſpiel den Kampf der Patricier und Plebejer in Rom. Um denſelben im Allgemeinen zu charakteriſiren — ſei es einleitend in ſeine einzelnen Erſcheinungen, ſei es am Schluſſe einer Darſtellung derſelben das Ganze zuſammenfaſſend — wird es auf der mittlern Stufe genügen zu ſagen:

Dieſer Kampf begann mit dem Verlangen der Plebejer nach Schutz gegen Unterdrückung, und führte ſie weiter zum Ringen um politiſche Gleichſtellung mit den Patriciern, namentlich um Zulaſſung zu den höchſten bürgerlichen und prieſterlichen Würden, und um einen Antheil an den Staatsländereien. Die Patricier verweigerten dieſe

Forderungen mit der größten Hartnäckigkeit, die Plebejer erneuerten sie aber mit nicht geringerer Beharrlichkeit und unermüdlicher Ausdauer immer wieder, bis sie sich endlich, von einem gewonnenen Punkte zum andern allmählich fortschreitend, am Ziele sahen, ohne daß es zu einem Waffenkampfe gekommen wäre.

Wer einen allgemeinen Umriß desselben Gegenstandes geben wollte, aber von einem Standpunkte aus, wo das Besondere von dem Allgemeinen abgeleitet, die weltgeschichtlichen Erscheinungen nach ihrem innern Zusammenhange und der Nothwendigkeit ihres Verlaufs gefaßt werden sollen, würde sich etwa folgendermaßen vernehmen lassen:

Fast alle Republiken des Alterthums und des Mittelalters enthielten in früheren Perioden ihrer Entwickelung zwei verschiedene Classen freier Einwohner, die Geschlechter und die Gemeinde. Jene waren von unvordenklichen Zeiten her die alleinigen Vollbürger, im alleinigen erblichen Besitz aller politischen und Regierungsrechte; aus ihnen allein wurden die obrigkeitlichen Aemter besetzt. Die Gemeinde, von allen diesen Rechten ausgeschlossen, bestand theils aus Solchen, deren Vorfahren schon in diesen Verhältnissen gelebt, theils aus später freiwillig Eingewanderten, theils aus den Bewohnern unterworfener Bezirke, denen persönliche Freiheit und ungestörter Besitz ihres Eigenthums zugesagt war. Diese politische Ungleichheit konnte sehr gut bestehen und sich mit dem Wohle des Ganzen vertragen, so lange die Gemeinde für das Ganze keine oder nur eine sehr geringe Bedeutung hatte. Als sie aber an Zahl und Besitz immer mehr wuchs und dadurch eine große Kraft des Staates wurde, dazu einsichtig

und unternehmend, da konnte jenes Verhältniß ohne
großen öffentlichen Nachtheil nicht fortdauern. Denn
zwischen der Größe und der Beschaffenheit des Besitzes,
den Leistungen, den moralischen und intellectuellen Kräf=
ten der Bürger auf der einen, und ihren politischen Rechten
auf der andern Seite muß ein richtiges Verhältniß be=
stehen. Bleiben bei einer Classe der Bürger die letzteren
hinter den ersteren zurück, so werden ihre Kräfte weit
mehr als mechanische wie als organische wirken; es wird
ihnen die geistige Triebkraft fehlen, welche sie erst zur
vollen Entfaltung bringt. Gehen sie bei einer andern
Classe darüber hinaus, indem sie zu Vorrechten werden,
d. h. zu Rechten, welche Andern, bei demselben Maße
physischer und geistiger Bedeutung für den Staat, ver=
sagt sind, so erzeugen sie Trägheit und Hochmuth. Und
Beides gereicht dem Ganzen zu nicht geringem Schaden. —
Zum Gefühl höherer Bedeutung gelangt, forderten daher
die Gemeinden einen größern oder geringern Antheil an
den Regierungsrechten. Ob sie damit durchbrangen oder
erlagen, ob sie friedlich siegten oder gewaltsam, ob sie
genügende oder ungenügende Früchte ernteten, ob sie nach
dem Siege Mäßigung behielten oder ihn mißbrauchten, —
davon hingen Heil und Gedeihen der Republiken ab.
Höchst merkwürdig und lehrreich ist der Verlauf dieses
Kampfes in der römischen Republik. Nachdem die römi=
sche Gemeinde einmal zu einer zusammenhängenden, ge=
setzmäßig organisirten Körperschaft gestaltet war, drang
sie, mit der ganzen Schwerkraft einer solchen, Schritt
vor Schritt vorwärts, rang den Geschlechtern eine Gleich=
stellung in Rechten und Aemtern nach der andern ab,

und ruhte nicht, bis sie am Ziele war. Muth, Ausdauer, Mäßigung, ein sich streng in den Grenzen der jedesmal vorhandenen Verfassungsformen bewegendes Verfahren, gaben ihr den Sieg; das Treffliche seiner Früchte war zugleich dadurch bedingt, daß sie etwas durchaus Praktisches, Naheliegendes, bestimmt Abgegrenztes, in seinen Folgen Berechenbares wollte, nichts Nebelhaftes, Phantastisches, aus Abstractionen Abgeleitetes. So konnte das Endergebniß des ganzen Kampfes eine völlige Verschmelzung der beiden Stände seyn, und ein Gleichgewicht der Verfassungsformen, ohne welches Rom nie seine bewundernswürdige Größe erlangt hätte.

Ich habe diese Betrachtung hingestellt, um es auch nicht an einem Beispiele von dem fehlen zu lassen, was ich für durchaus unpassend für die Schule halte, während folgende Behandlung desselben Gegenstandes der Art angehört, die ich für den höhern Cursus empfehle.

Durch die Vertreibung der Könige war die Staatsgewalt in Rom ganz an die Patricier gekommen. Die wichtigsten Geschäfte waren in den Händen der nur aus ihrer Mitte gewählten Consuln und des zum allergrößten Theile aus ihnen bestehenden Senats. Der grausame Druck, den sie gegen Schuldner aus dem plebejischen Stande übten, reizte diesen zuerst, sich ihnen entgegenzustellen; bald ging daraus ein Ringen desselben um politische Gleichstellung hervor. Die Gesinnung und den Muth, welche zu diesem Ziele führten, flößten der Masse der Plebejer die Angesehenen und Begüterten unter ihren Standesgenossen ein. Da sie sich den Patriciern an Kraft, Geist, Einsicht, Vaterlandsliebe gleich fühlten, glaubten sie

auch die gleiche Stellung im Staate in Anspruch nehmen
zu können und zu müssen. Diese, meinten sie, würde dem
Ganzen nicht minder zu gut kommen, als ihnen und ih=
rem Stande. Ihre Führer, die Tribunen, leiteten den
Kampf mit eben so großer Besonnenheit und Ueberlegung
als Muth und Ausdauer. Allmählich und schrittweise
gewannen sie ein ihnen nöthig scheinendes Recht nach
dem andern. Nicht geringere Beharrlichkeit setzten ihnen
die Patricier entgegen. Ihnen erschienen die plebejischen
Forderungen als unbegründete und übermüthige Eingriffe
in ihre uralten, geheiligten Rechte. Sie mit Andern
theilen zu müssen, schien ihnen dem Verlust derselben
gleich zu kommen. Lieber gar keine Kinder groß ziehen,
sagten sie, als solche, welche einst Andere im Besitz ihrer
Würden sehen müßten [1]). Je mehr Jene verlangten, desto
entschiedener war der Widerstand, den sie ihnen entgegen=
setzten. Die Plebejer aber wurden von ihren Führern
ermahnt, nicht nachzulassen; fortgesetzte Anstrengungen
würden sie an das Ziel bringen, wo sie den Patriciern
wie an Verdienst so an Ehre gleich stehen würden [2]).
Dieses Ziel aber sei das Consulat; denn erst an dem
Tage, an welchem die Plebejer zu diesem gelangten,
würde ihnen Alles zufallen, was die Patricier auszeichne,

---

1) Patres non pro communicatis sed pro amissis honoribus fre-
mere, negare, si ea ita sint, liberos tollendos esse, qui pulsi ma-
jorum loco, cernentesque alios in possessione dignitatis suae.....
sine imperiis ac potestatibus relinquantur. *Livius* IV, 54.

2) Conando agendoque jam eo gradum fecisse plebejos, unde
si porro adnitantur, pervenire ad summa et patribus aequari tam
honore quam virtute possent. *Ib.* VI, 35.

groß als Besitz für sie, herrlicher als Erbe für ihre
Kinder [1]). Um das Consulat entbrannte denn auch der
Streit am heftigsten; die Patricier wandten Alles auf,
sich den alleinigen Besitz desselben zu erhalten. Doch
wußten sie für ihre Weigerung keine anderen Gründe
anzugeben, als daß ein plebejischer Consul an der Spitze
Roms etwas Unerhörtes sei, und daß ein solcher keine
Auspicien würde halten dürfen. Und warum, fragten
die Tribunen, könnte nicht auch etwas Neues eingeführt
werden? Ist es im römischen Staate noch nie geschehen,
wenn es nützlich befunden ward? [2]) Der aus der Religion hergenommene Grund entrüstete die Plebejer vollends, weil sie sich dadurch als ein den Göttern mißfäl-
liges Geschlecht bezeichnet sahen [3]). Doch verließen sie
den friedlichen Weg, den sie eingeschlagen hatten, nicht;
sie konnten sich rühmen, daß ihre Mäßigung den Aus-

---

1) Consulatum superesse plebejis; eam esse arcem libertatis,
id columen. si eo perventum sit, tum populum Romanum vere ex-
actos ex urbe reges et stabilem libertatem suam existimaturum.
Quippe ex illa die in plebem venturam omnia, quibus patricii ex-
cellant, imperium atque honorem, gloriam belli, genus, nobilitatem,
magna ipsis fruenda, majora liberis relinquenda. *Ib.* VI, 37.

2) Quid postea? nullane res nova institui debet? et quod
nondum est factum (multa enim nondum sunt facta in novo po-
pulo) ea, ne si utilia quidem sint, fieri opportet? ..... Census
in civitate et descriptio centuriarum non erat, ab Ser. Tullio est
facta. Consules nunquam fuerant, regibus exactis creati sunt. ....
Quis dubitat quin, in aeternum urbe condita, in immensum cres-
cente, nova imperia, sacerdotia, jura gentium hominumque insti-
tuantur? *Ib.* IV, 4.

3) Plebes ad id maxime indignatione exarsit, quod auspicari
tanquam invisi diis immortalibus, negarentur posse. *Ib.* IV, 6.

bruch eines Waffenkampfes verhindert habe [1]). Sie gelangten ans Ziel, ohne daß die Verfassung verletzt und
die Ehrfurcht vor den Gesetzen erschüttert war; kein ver-
gossenes Bürgerblut, kein revolutionärer Frevel befleckte
ihren Sieg. Roms Zwietracht hatte seine Feinde er-
muthigt [2]) und gestärkt, aus der Eintracht in seinem Innern gingen ihre Niederlagen hervor. Seitdem die patri-
cische Abstammung nicht mehr erforderlich und nicht mehr
hinreichend war, um zum Consulat zu gelangen, wurden
die erprobtesten Männer an die Spitze gestellt [3]).

So, meine ich, wird es bei den meisten großen und
folgenreichen Zeitbewegungen möglich seyn, den Schüler
Blicke thun zu lassen in den Geist der treibenden und der
widerstrebenden Richtungen, indem man die Kundgebung
desselben als eine Thatsache, und zwar als eine an einem
bestimmten Orte und zu einer bestimmten Zeit erscheinende

---

1) Scilicet quia nobis consultum volebatis, certaminę absti-
nuistis. an ideo non est dimicatum, quod quae pars firmior eadem
modestior fuit? *Ib*. IV, 5.

2) Principes in omnium Etruriae populorum conciliis freme-
bant: Aeternas opes esse Romanas, nisi inter semet ipsi seditio-
nibus saeviant. Id unum venenum, eam labem civitatibus opulentis
repertam, ut magna imperia mortalia essent. *Ib*. II, 44.

3) (M. Valerius Corvus) Facta mea non dicta, vos milites,
inquit, sequi volo, nec disciplinam modo sed exemplum etiam a me
petere. Non factionibus modo nec per coitiones usitatas nobilibus,
sed hac dextra mihi tres consulatus summamque laudem peperi.
Fuit cum hoc dici poterat: patricius enim eras et a liberatoribus
patriae ortus, et eodem anno familia ista consulatum quo urbs haec
consulem habuit. Nunc jam nobis patribus vobisque plebejis pro-
miscue consulatus patet; nec generis ut ante, sed virtutis est
praemium. *Ib*. VII, 32.

Thatſache, nicht als eine Reflexion hinſtellt, und ſich dabei eben ſo wenig auf die innere Nothwendigkeit dieſer Rich= tungen einläßt, als auf ein Urtheil über die Weisheit oder Thorheit der Grundſätze, durch welche die Handelnden ge= leitet wurden.

Oft wird man ſich viel kürzer faſſen müſſen und kön= nen als in dem gegebenen Beiſpiele, indem bald für ein ſolches Detail kein Stoff vorhanden, bald Bedeutung und Intereſſe des Gegenſtandes nicht groß genug ſeyn werden, um größere Ausführlichkeit zu rechtfertigen. Immer aber wird man jene Linie einhalten können, die, ohne den der Schule angewieſenen Bereich zu verlaſſen, doch auf einen höhern Standpunkt für die Erklärung der Urſachen gewiſſer Erſcheinungen im Staats= und Völkerleben führt, als der ſo häufig eingenommene, wo man das Emporſteigen und Herabſinken der Staaten nur von der phyſiſchen und mo= raliſchen Beſchaffenheit ihrer Glieder und Leiter abhängig macht. Wenn man z. B. von dem ſchnellen Verfalle der Inſtitutionen Karls des Großen zu ſprechen hat, wird man ſagen, daß der Kaiſer eine große Staatseinheit und nach= drucksvolle königliche Gewalt im Mittelpunkte des Ganzen neben möglichſter Aufrechthaltung der Volksfreiheiten ge= wollt, die dauernde Befeſtigung dieſes Zuſtandes aber un= möglich geworden ſei durch den herrſchenden Widerwillen der Großen und Begüterten, ſich jener Einheit zu fügen, indem ſie vielmehr danach ſtrebten, ſich innerhalb ihrer Be= reiche ſo viel wie möglich abzuſchließen und unabhängig zu machen. Damit hat man ſich nicht in eine Betrachtung über das germaniſche Sonderungsprincip verloren, vermöge deſſen das Mittelalter erſt durch die politiſche Vereinzelung hindurch wieder zur Einheit gelangen konnte, ist aber auch nicht bei der gewöhnlichen oberflächlichen Ansicht stehen geblieben, daß die Schöpfung Karls des Großen zu Grunde gegangen sei durch die physische und moralische Erbärmlichlichkeit seiner Nachfolger.

Wenn sich im Alterthum die zu schildernden Stimmungen mehr auf ganze Völker und Stände, welche sie durchdringen, beziehen, und die Einzelnen weniger in Betracht kommen, so ist dagegen die moderne Zeit die Welt der Individuen. Im Alterthume muß der Einzelne, wenn er wirken will, ganz der Ausdruck seiner Zeit, seines Volkes, ja, wo das Volk sich in sich selbst vielfach spaltet, seiner Stadt seyn. Das Hervortreten großer, auf sich selbst ruhender Individuen gehört erst dem sinkenden, seine Eigenthümlichkeit schon halb einbüßenden Alterthume an. Gewöhnlich gehen diese Heroen auch im Kampfe mit ihrer sie von sich stoßenden Zeit zu Grunde, und ihre Schöpfungen mit ihnen, wenn sie auch der Zukunft vorgearbeitet haben. In der modernen Zeit dagegen erscheint der Genius weniger vom Volksbewußtseyn begeistert, als er vielmehr die nur in Keimen vorhandene und schlummernde Richtung weckt und sie zu Thaten begeistert, wodurch er seiner Zeit die Farbe seiner Individualität mittheilt. Hier also tritt die Bewegung als eine in den treibenden und leitenden Persönlichkeiten noch weit sichtbarer verkörperte auf, die geschichtliche Entwickelung tritt in den Eigenthümlichkeiten der die Laufbahnen eröffnenden Heroen anschaulich hervor. So sind wir daher vollkommen berechtigt, die Stimmungen und Gefühle der Zeiten an diese zu knüpfen, und können sagen, daß der geschichtliche Gymnasial-Unterricht damit in gewisser Weise

zu seinem Anfange und Ausgangspunkte, zu dem biographi=
schen Elemente, zurückkehrt, es aber nunmehr unter einem
weit bedeutungsreichern Gesichtspunkte zeigt.

Indem der Lehrer die Schüler des höhern Cursus auf
dieses Gebiet führt, hat er die Freude, der Einschränkung
entledigt zu seyn, die ihm der sich auf die äußeren That=
sachen beschränkende Standpunkt, der im mittlern Lehrgange
herrschen muß, auflegte. Da konnte der Gedanke nur leise
durchschimmern, jetzt tritt er voll und stark hervor, und
damit gewinnt die Geschichte erst Geistigkeit. Es hat der
Lehrer dabei aber in mehr als einer Hinsicht mit großer
Behutsamkeit zu verfahren. Für ihn, wenn auch nicht für
den durch ihn geleiteten Schüler, tritt hier die oben er=
wähnte nahe Berührung der beiden Gebiete — der Be=
trachtung der auf die Zustände einwirkenden Stimmungen
und Gedanken als gegebener Objecte, und der Reflexion
über die Natur und den Zusammenhang der geistigen Be=
wegungen — ein, und er hat zunächst der Verlockung zu
widerstehen, auf das letztere hinüberzuschweifen. Ferner aber
liegen Mittheilungen, die dem erstern angehören, nicht in den
Büchern zum Gebrauche bereitet da, am wenigsten so über=
einstimmend, daß sie über Bedenken und Zweifel hinweg=
heben. Vielmehr steht der Lehrer, der sich Raths erholen
will, auch hier in der Mitte entgegengesetzter Meinungen.
Denn nicht nur über das Gute oder Schlimme des Ge=
wollten und Erstrebten findet er die Ansichten abweichend,
sondern auch über Inhalt und Ziel der Bestrebungen, und,
mehr noch als über die Richtungen ganzer Generationen,
widersprechende Urtheile über Gesinnung, Grundsätze, Ab=
sichten einzelner Personen. Haben ja doch in Fällen, wo

der Unbefangene die Charaktere scharf und klar, ihr Wollen unzweideutig hervortreten sieht, Motive sehr verschiedener Art — die Vorliebe für irgend ein System, die Sucht, etwas Neues und Unerhörtes zu sagen, ein grämlicher, mürrischer, schulmeisternder moralischer Rigorismus, Parteileidenschaft, auch die geheime Absicht, vermöge einer verkehrten Würdigung geschichtlicher Erscheinungen, Zwecke, welche in der Gegenwart verfolgt werden, zu verhüllen — die unbegründetsten Anklagen und die seltsamsten Apologien hervorgerufen!

Das beste Mittel freilich, den Schlingen aller dieser Zweifel zu entgehen, und sich ein selbständiges Urtheil zu bilden, ist unmittelbare Befragung der Zeitgenossen, oder, wo diese fehlen, solcher Zeugen, welche in der relativ größten Nähe der Begebenheiten stehen, zu denen der Nachhall der ursprünglich laut gewordenen Stimmungen verhältnißmäßig am meisten gedrungen seyn kann. Um einen Fingerzeig zu geben, wie der Lehrer solche Berichte benutzen und durch Mittheilung ihrer eignen Worte das entworfene Bild beleben kann, habe ich oben die Stellen aus Livius, auf welche der Text sich stützt, beigeschrieben. — Aber wer kann sagen, daß er sich sein Urtheil über die Geschichte aller Völker und aller Jahrhunderte allein aus den Urquellen gebildet habe! Auch würde ein solches wenig Vertrauen verdienen, denn eine so umfassende Quellenlectüre könnte nur Statt haben auf Kosten der Gründlichkeit der Untersuchung, welche für dieses Bedürfniß unumgänglicher erforderlich ist als sonst wo, da die Berichte und Ansichten der Quellenschriftsteller über die Stimmungen und Richtungen der Zeiten sich oft widersprechen, oder sich auch gar nicht finden, vielmehr durch

Verknüpfung und Auslegung einzelner Andeutungen, welche
ein tiefes Eindringen in den Gegenstand voraussetzen, erst
geschaffen werden müssen. So sieht man sich denn in doppelter Hinsicht an die Forschungen und Bearbeitungen der
Späteren gewiesen, indem man ihrer theils als Ergänzun-
gen des eignen Quellenstudiums, theils als Stellvertreter
desselben bedarf. Wenn man sich im letztern Falle begnügen muß, mit den Augen Anderer zu sehen, so hat man
gegen den Nachtheil einer solchen Brechung und Abschwä-
chung der ursprünglichen Lichtstrahlen doch auch wieder den
Vortheil, in manchen angeführten Zeugnissen eine Bedeutung zu finden, welche man bei der Beschränkung auf eigene
Quellenlesung in ihnen nicht leicht entdeckt haben würde.
Dabei bleibt dann der in historischen Untersuchungen einigermaßen Geübte nicht stehen. Indem er den Beweisen
nachgeht, welche im Kampfe der Meinungen von verschiedenen Seiten herbeigebracht werden, und sie gegen einander
hält, verknüpfen und gruppiren sie sich zuweilen auf eine
andere, überraschende Weise; indem er die citirten Stellen
in den Urschriften nachschlägt, findet er durch den Zusammenhang, in welchem sie sich dort finden, oft Gelegenheit,
die ihnen zugeschriebene Beweiskraft zu prüfen. Und wer
die Stützen einer Untersuchung, eines Urtheils durchprüft,
der hat sich doch zuletzt, wenn er zustimmt, nicht durch den
Bearbeiter, sondern durch die ursprünglichen Zeugnisse über-
führen lassen. Diese Art der Erwerbung geschichtlicher
Kenntnisse hält die Mitte zwischen der unbezweifelt besten,
welche auf die unabhängige Quellenforschung erst den Gebrauch späterer Bearbeiter folgen läßt, und der bei den ab-
geleiteten Büchern stehen bleibenden, und ist dem Gymna-

siallehrer, der sich doch mit den letztern nicht begnügen darf, für alle Fälle, wo seine Studien nicht bis zu der erstern reichen, dringend zu empfehlen.

Der Gewissenhaftigkeit und Bedachtsamkeit in der Selbst= belehrung über die Tendenzen der Zeitalter und ihrer Heroen entspreche die Behutsamkeit in der Mittheilung. Allerdings soll der Lehrer was ihm klar geworden ist bestimmt aus= sprechen, keinesweges zwischen dem Streite der Ansichten eine Neutralität suchen, welche den zu beleuchtenden Gegen= stand farblos erscheinen läßt. Aber wenn der Jugendunter= richt Wärme fordert, so fordert er auch Ruhe, Mäßigung und das Ausschließen einer Schärfe, die der wissenschaft= lichen Polemik ziemt, in den Schülern aber leicht eine selbst= gefällige Verachtung gegen andere Meinungen erzeugen kann. Den Gymnasiasten den Kampf der Ansichten vorzuführen, dürfte in den seltensten Fällen gerathen seyn.

Besondere Vorsicht erfordert die Behandlung der zum Bereiche der Geschichte gehörigen oder an denselben strei= fenden Fragen, über welche sich die Confessionen als solche gegenüberstehen, vorzüglich einer gemischten Schülerclasse gegenüber. In den ersten Jahrzehnden dieses Jahrhunderts ließ man die Punkte, welche scharfer Trennung zur Grund= lage dienen können, gern fallen, um auf den Einklang in den großen Hauptmomenten des christlichen Bewußtseyns, auf die geschichtliche Nothwendigkeit der sich innerhalb der Kirche entwickelnden Gegensätze das Gewicht zu legen. Diese Tendenz ist jetzt bei Vielen leider durch eine schroff sondernde verdrängt. Aber auf dem Gebiete der Ge= schichte, besonders des geschichtlichen Schulunterrichts, sollte man die Gesinnung, welche jener Zeitrichtung zu Grunde

5 *

lag, möglichst aufrecht zu erhalten suchen. Daß übrigens die Achtung, welche der Lehrer den im Bekenntnisse gegründeten Ueberzeugungen Anderer schuldig ist, sich nicht bis zu einer Scheu zu erstrecken braucht, gegen willkürliche historische Behauptungen einer Partei innerhalb einer Confession anzustoßen, darf kaum erinnert werden.

Der höhere Standpunkt, welcher auf die beschriebene Weise für die obere Unterrichtsstufe gewonnen ist, wird nur bei einem Theile der geschichtlichen Abschnitte einzunehmen seyn, ein anderer wenig oder gar keine Gelegenheit dazu darbieten. Hiernach ist auch über die Größe und Bedeutung der Veränderungen zu entscheiden, welche das Lehrstück der mittlern Stufe erfahren muß, um für die obere zu passen. Im letztern Falle werden nur Erweiterungen und Zusätze desselben nöthig seyn, welche leicht so eingerichtet werden können, daß sie sich bequem anschließen und einfügen. Wo dagegen die Rücksicht auf jene Einblicke zu einer veränderten Auffassungs = und Betrachtungsweise führt, wird diese sich gerade in den Bezeichnungen der Hauptabschnitte aussprechen, das Schema wird nicht mehr dasselbe bleiben, vielmehr in wesentlichen Theilen zu erneuern seyn, während der Inhalt der Unterabtheilungen, in so fern er reine Thatsachen enthält, oft derselbe bleiben kann, so daß nur nöthig ist, auf ihn zurückzuweisen. Möglichster Zusammenhang zwischen dem Inhalte der beiden Lehrgänge, die stets rege erhaltene Ueberzeugung des Schülers von der Nothwendigkeit, sich durch Beherrschung des im mittlern gewonnenen Stoffs auf den höhern vorzubereiten, werden sich immer als vorzüglich fördernd erweisen.

Der oben mitgetheilten Charakteristik des Ständekampfs

in Rom konnte ich — da es darauf ankam, ein ausgeführtes Beispiel jener Behandlung aufzustellen — die Form des bloß andeutenden, das Allgemeine von dem Besondern überdies nicht so trennenden Lehrstücks nicht geben. Ich lege Ihnen daher auch noch das Beispiel eines solchen vor, eines nach dem Bedürfnisse des obern Cursus theilweise erneuerten Schema's über einen Abschnitt, den ich Ihnen oben in der für die mittlern Classen passenden Form schon mittheilte, und wähle dazu die Geschichte Kaiser Friedrichs I.

I. **Friedrichs Walten in Italien. Fünf Züge dahin in Begleitung grosser deutscher Heere. Trotz dieser Macht und der grossen Gaben des Kaisers scheitert seine Absicht, das ungeschmälerte Ansehen der weltlichen Gewalt gegen die Bestrebungen und Einmischungen der römischen Kirche, und monarchische Oberhoheit über die Städte zu behaupten, an dem überwiegenden Einfluss der Päpste, dem Unabhängigkeitsstreben der Italiener und der Unvollkommenheit des Lehnskriegswesens.**

a. *Der Kaiser und die Städte.* Die meisten dem Kaiserthron feindlich. Republicanischer Sinn, Entschlossenheit, Ausdauer und Hülfsmittel derselben. Mailand ihr mächtiges Haupt, zugleich Unterdrückerinn der Freiheit anderer. Der Trotz der Städte mehrere mal gebrochen, ihre Unterwerfung erzwungen. Ausgedehnte Obergewalt dem Kaiser vom Reichsrathe zu Roncaglia zugesprochen. Aber immer wieder neue, zum Theil durch den Druck der vom Kaiser gesetzten Podestà hervorgerufene Widerspänstigkeit der Städte. Die Päpste und die Könige von Sicilien ihre Bundesgenossen.

b. **Der Kaiser und die Kirche.** Er liefert Arnold von Brescia Hadrian dem IV. aus, und wird von ihm gekrönt; aber der unvermeidliche Zusammenstoss entgegengesetzter Bestrebungen lässt die Eintracht nicht bestehen. Schisma durch eine zwiespältige Papstwahl nach Hadrians Tode 1159. Uebergewicht der streng hierarchischen, die Zwecke Gregors VII. verfolgenden Partei. Ihr Papst, der staatskluge Alexander III., von Rom flüchtig, bannt den Kaiser mit grossem Erfolg.

c. d. e. wie oben.

II. **Friedrichs Walten in Deutschland.** Seine Absicht, die Eintracht mit dem Welfischen Hause durch grosse Begünstigungen, und zugleich das Uebergewicht der kaiserlichen Gewalt über die herzogliche zu erhalten, scheitert an Heinrichs des Löwen Streben nach unabhängiger Macht, seiner Willkür, seinem Uebermuth und dem Hass der Fürsten gegen ihn. Grosse Erhebung und Sturz des welfischen Hauses. Beginnende Auflösung der grossen Herzogthümer ohne Gewinn für den Kaiserthron. In Deutschland die Fürsten, nicht die Städte, das Hinderniss seiner Befestigung.

A. u. B. 1. 2. 3. wie oben.

III. **Friedrichs Kreuzzug und Ende.** Seine Absicht, den Fall Jerusalems zu rächen und dem christlichen Morgenlande eine neue Haltung zu geben, durch den Tod vereitelt.

a. u. b. wie oben.

Sie sehen, daß die Geschichte Barbarossa's hier wie die von drei großen Fehlschlägen aufgefaßt ist. Auf der vollen Höhe seiner Macht kämpft das Hohenstaufische Haus vergeblich gegen die seinen Bestrebungen feindlichen Richtungen der Zeit. Was Glück zu seyn scheint, verkehrt sich ihm in der Folge in Unglück. Der tragische Fall des ganzen Geschlechts und mit ihm des Kaiserthrons ist schon in des hohen Barbarossa's Schicksalen vorgebildet.

Wenn der Lehrer auf der obern Stufe jeden Abschnitt mit einer Wiederholung des auf der mittlern schon gelehrten Inhalts desselben beginnt, so versteht es sich von selbst, daß er am Ende desselben eine solche von neuem vornimmt und den Schüler dann auch über die eingeschalteten Stücke prüft. Von Zeit zu Zeit muß er immer wieder auf die schon dagewesenen Abschnitte zurückkommen, und je mehr sich der Stoff häuft und der Kreis des Gelernten erweitert, desto mehr dafür sorgen, daß über dem Spätern das Frühere nicht vergessen wird, sondern mit gleicher Festigkeit, Frische und Lebendigkeit im Gedächtnisse haftet.

Aber noch ein ganz anderer Zweck als der, dem Lehrer die Ueberzeugung zu geben, daß der Inhalt der geschichtlichen Lehrstunden gut aufgefaßt und dem Gedächtniß gehörig eingeprägt ist, läßt sich durch eine Erweiterung und Art der Wiederholungen erreichen, die ganz besonders der höhern Stufe angehören, wenn damit auch schon auf der

mittlern einiger Anfang gemacht werden kann. Ein bedeu=
tender Gewinn kann hier dem Schüler zu gut kommen.

Nicht der nämlich ist im Besitz einer wahrhaft lebendi=
gen Uebersicht der geschichtlichen Hauptbegebenheiten, der in
einem treuen Gedächtniß die Thatsachen, vereinzelt und in
der Verbindung, die ihm der Lehrer oder das Buch gezeigt
haben, aufbewahrt, sondern der, welcher sie zugleich in
mannigfache gegenseitige Beziehungen zu setzen gewohnt ist,
der an demselben Orte die auseinanderliegenden Zeiten, in
derselben Zeit die auseinanderliegenden Orte schnell und leicht
in Verbindung bringt. Diesem stehen geschichtliche Pro=
file, wenn ich so sagen darf, zu Gebote, wo Jener nur
Bruchstücke zusammenhangsloser Linien erblickt. Schwerlich
bedarf es aber eines Beweises, daß diese Profile, wenn sie
rasch im Gedächtniß auftauchen und vor die Seele treten,
einen Stoff zu fruchtbaren historischen Umschauungen geben,
der aus jener mechanischen Auffassung niemals geschöpft
werden kann.

Nun muß ich aber entweder in vieljährigen und zahl=
reichen Erfahrungen besonders unglücklich gewesen seyn, oder
es wird sich so verhalten, daß man bei einer nicht ganz
unbeträchtlichen Zahl von jungen Leuten, die auf der Schule
fleißig gewesen sind, einen ziemlichen Vorrath von That=
sachen, Jahrzahlen und Namen im Gedächtniß haftend fin=
det, daß sie aber fast immer die geschichtlichen Gegenstände
nur als einzelne, oder in einer bestimmten, ihnen geläufig
gewordenen Verknüpfung kennen. Eben jene Profile, jene
fruchtbaren, sich nach verschiedenen Richtungen erstreckenden
Verknüpfungen sind ihnen fremd geblieben, die rasche Zu=
sammenfassung der Begebenheiten einer bestimmten Kategorie

in demselben Staate, die Uebersicht der Folgen einer großen Begebenheit bei verschiedenen Völkern, ihrer gegenseitigen Einwirkung auf einander, der Aehnlichkeit oder Unähnlichkeit ihrer Schicksale stehen ihnen nicht zu Gebote. Die Allerwenigsten werden bereit und gerüstet seyn, wenn man ihnen Fragen vorlegt, wie folgende: Wie verhält sich die Dauer der von den Deutschen gestifteten Reiche mit größtentheils romanischen Bestandtheilen zur Dauer der mehr gemischten? — Welche Küsten des Mittelmeeres hatte der Islam im zehnten Jahrhundert inne? — Welche hat er seitdem verloren, welche gewonnen? — Welcher Bestandtheil der Christenheit löſte sich in derselben Zeit von der römischen Kirche, wo diese den größten Aufschwung zu nehmen begann? — Welcher Fremdherrschaften wußten sich seit dem Falle des weströmischen Reiches die Italiener zu erwehren, und welcher nicht? — Welche Wandlungen haben die politischen Zustände Mailands vom dreizehnten bis zum sechzehnten Jahrhundert erfahren? — Wie oft ist Neapel von Kriegern und Fürsten, die aus Frankreich stammten, gewonnen und beherrscht worden? — Welches Beispiel und welche große Erfolge hatte der deutsche König Albrecht I. vor Augen, als er die Vergrößerung seiner Macht in der Einziehung von Reichslehen suchte? — Welche Provinz des alten burgundischen Reiches hat Frankreich zuerst, welche zuletzt gewonnen? — Wie verhalten sich die Fortschritte und der Besitzstand des Protestantismus in den verschiedenen Ländern Europa's im Jahre 1560? wie 1600? wie 1650? — Wie ist Spanien in den Besitz der Länder gekommen, die es im Utrechter Frieden verlor? Welche von den nach 1492 von Ferdinand dem Katholischen in Europa gemachten Er-

werbungen behielt es in diesem Frieden? — In wie fern
ist Schottland zwei mal und in zwei verschiedeuen Weisen
mit England vereinigt worden? — In welchen anderthalb
Jahrhunderten der Geschichte Schwedens ist es von Fürsten
aus deutschen Häusern in ununterbrochener Reihe beherrscht
worden? — Lauter Beispiele, bei denen ich mich, wie Sie
sehen, eben so sehr an das streng thatsächliche Gebiet gehalten,
als Jegliches vermieden habe, was eine nur einigermaßen
detaillirte Kenntniß einzelner Völkergeschichten voraussetzt.
Zuletzt wird man die jungen Leute wol auf die rechte Lö=
sung bringen, aber allmählich und mühsam, und indem man
ihnen nacheinander die einzelnen Punkte abfragt, aus wel=
chen sie abzuleiten ist. Selbst die so einfache Frage über
Mailand wird nicht leicht durch die einfache Antwort: Re=
publik, Tyrannis, Erbfürstenthum durch kurze französische
Eroberungen unterbrochen, spanische Herrschaft — rasch und
sofort ihre Erledigung finden, weil — und mit vollem
Rechte — die Geschichte von Mailand nicht abgesondert
vorgetragen worden ist, und der große, das Mittelalter von
der neuern Zeit trennende Einschnitt dazwischenliegt.

Was soll nun der geschichtliche Gymnasialunterricht zur
Abhülfe dieses Mangels thun? Dem Schüler bei jedem
Abschnitte eine Anzahl solcher Combinationen zum Auswen=
diglernen an die Hand geben? — Aber erschöpfen kann er
sie doch nicht von fern, und wenn er es könnte, würde er
sich dadurch um eines der ersprießlichsten Mittel bringen,
diesen Unterricht zu beleben und anziehend zu machen. —

Es wird so oft Beschwerde darüber geführt, daß die
Geschichte, wenn sie im Bereiche der reinen Thatsache bleibt,
bloßes Gedächtnißwerk sei, welches den Verstand nicht be=

schäftige, gerade dem begabten Schüler keine Theilnahme einflößen könne. Hier ist für die Klagenden ein treffliches Mittel gegeben, den Verstand des Schülers in Anspruch zu nehmen, seine Selbstthätigkeit ins Spiel zu ziehen und sein Interesse zu beleben; ja nicht bloß dem Schüler, auch dem Lehrer hilft es über die Trockenheit und Einförmigkeit hinaus, welche die historischen Wiederholungen oft lästig machen. Und es ist so leicht, es zu benutzen, dieses Mittel. Man gebe den Schülern jene Verknüpfungen nicht, aber man bringe sie zu der Fertigkeit, sie selbst zu bilden. Man stelle den Zöglingen der höheren Ordnungen recht viele Fragen von der angegebenen Art; man leite sie an und übe sie fleißig, die Operationen, die zu ihrer Lösung erforderlich sind, rasch vorzunehmen, indem man von leichteren zu schwereren Aufgaben fortschreitet. Es kann nicht anders seyn, als daß der fähige Schüler nach einiger Zeit in solchen Zusammenfassungen und Verknüpfungen, deren Nutzen er bald einsieht und die ihn auf anziehende Weise beschäftigen, die gewünschte Fertigkeit erlangt, und diese wirkt dann auch wieder auf das leichtere und festere Merken der einzelnen Thatsachen, als der Bestandtheile der Combinationen, zurück.

Dasselbe gilt von den chronologischen Wiederholungen und Prüfungen. Hier besonders ertönt die Klage, daß es so schwer sei, die leidigen Jahrzahlen zu behalten, daß es eines besonders dazu angethanen Gedächtnisses bedürfe. Man kann aber dieses Behalten sehr erleichtern, und dazu beitragen, dem Gedächtniß diese Richtung zu geben, man kann sie fördern und stärken, wenn man auch hier möglichst viele Gelegenheit zu selbstgeschaffenen Combinationen gibt, auch hier den verknüpfenden Verstand zu Hülfe ruft. Die Gym-

naſtik des Geiſtes, die bei jedem Zweige eines zweckmäßig
ertheilten Unterrichts ihre Rolle ſpielen muß, läßt ſich auch
auf dieſes Gebiet verpflanzen.

Die Uebungen, mit welchen hier der Anfang zu machen
iſt, und die ſchon auf der mittlern Stufe beginnen können,
ſind ſynchroniſtiſcher Art. Es wird zuerſt die Aufgabe ge=
ſtellt, Jahre zu finden, in welchen ſich bei verſchiedenen
Völkern merkwürdige und folgenreiche Begebenheiten zuge=
tragen haben. Denn von einem beſondern Intereſſe müſſen
ſie ſeyn, wenn ſie das Gedächtniß unterſtützen ſollen. Da=
hin gehört, daß nach Varroniſcher Rechnung die Vertrei=
bung der römiſchen Könige und die der Piſiſtratiden, die
Vollendung der Unterwerfung Latiums und die Schlacht bei
Chäronea, denſelben Jahren angehören. Auf ſolche Verglei=
chungen, deren freilich nicht ſehr viele ſind, muß man ſich
in der alten Geſchichte beſchränken.

In der modernen (mittlern und neuern) Geſchichte hin=
gegen kann ein ſolcher Synchronismus viel weiter ausge=
dehnt und durchgeführt werden. Denn da in dieſer Zeit
die Culturentwickelung der Hauptvölker Europa's im Zu=
ſammenhang ſteht, und die Geſchichte der Völker ſich an die
ihrer Könige knüpft, wird die Vergleichung der Regierungs=
jahre derſelben von ſelbſt auf die entſprechenden Verhält=
niſſe der Zuſtände führen und den Zuſammenhang mancher
Hauptbegebenheiten in lebendiger Erinnerung erhalten.

Nicht als ob die Regierungsjahre ſämmtlicher Könige
auch nur der europäiſchen Hauptreiche auswendig gelernt
werden ſollten. Aber die Forderung, daß die Schüler ſich
die Jahrzahlen der römiſch=deutſchen Kaiſer ſicher und feſt
eingeprägt haben, wird geſtellt werden können. Dies giebt

nun einen trefflichen Vergleichungs = und Haltpunkt für die
merkwürdigeren Jahre der Regierungen anderer Könige
und der Begebenheiten, die in ihnen enthalten sind. So=
bald der Lehrer sich überzeugt hat, daß diese Jahrzahlen als
einzeln stehende nach der allgemeinen Aere gemerkt sind,
hat er fernere Fragen nicht mehr auf diese, sondern auf
den Parallelismus der Regierungen zu richten. Z. B. Im
wievielsten Jahre Otto's III. beginnt mit Hugo Capet die
neue Dynastie in Frankreich? Im wievielsten Friedrichs I.
mit Heinrich II. das Haus Plantagenet in England? Welche
Epoche in der englischen Verfassungsgeschichte fällt in das
Krönungsjahr Friedrichs II.? Wie viele Jahre vor dem
Tode Friedrichs II. unternahm Ludwig IX. seinen Kreuzzug
nach dem Morgenlande? — Dann, besonders in späteren
Jahrhunderten, wo mehr Zahlen angegeben sind, werden
auch andere Vergleichungen als bloß mit der römisch=deut=
schen Kaiserreihe anzustellen seyn nach Art der Frage: wel=
cher europäische Monarch starb im Jahre vor, welcher im
Jahre nach dem Tode der Königin Anna von England? —
Durch solche Aufgaben, deren Lösung immer rascher von
Statten gehen wird, gewöhnt sich der Schüler von selbst
an jenen Parallelismus der geschichtlichen Anschauungen,
weit besser und sicherer als durch die Betrachtung synchro=
nistischer Tabellen, deren Ergebniß in den Unterricht und
die Prüfung aufzunehmen sehr schwer sein würde. Auch
nimmt das Gedächtniß vermöge dieser Aufgaben und Uebun=
gen viele Zahlen auf, die sich, wenn man bei der allgemei=
nen Aere stehen bleibt, leicht verlieren.

Nun gibt es aber noch einen weitern Schritt, der zu
thun ist, und dieser gehört ganz der obern Stufe an. Er

besteht darin, daß die Zeiten nach den Beziehungen, welche die Begebenheiten vermöge ihrer Beschaffenheit zu einander haben, verglichen werden, diese Beziehungen mögen nun auf der Auffassung des Gleichen und Aehnlichen oder des Gegensätzlichen beruhen. Der Nutzen dieser Uebungen ist wieder ein doppelter. Die Aufmerksamkeit des Schülers wird auf diese Verhältnisse der Begebenheiten gelenkt, und die Verbindung, in welche die Zahlen dadurch für den Verstand treten, erleichtert ihr Behalten.

Vielleicht ist Ihnen nicht gleich ganz deutlich, welche Uebungen ich hier meine. Einige Beispiele werden es klar machen. Ich erlaube mir dabei die Mittelglieder, durch welche die Schüler auf die richtigen Antworten geleitet werden, bald mehr bald weniger anzudeuten.

Der Lehrer läßt sich als die beiden Punkte, zwischen welchen der größte Ruhm Griechenlands, der höchste Glanz seiner Freiheit und seiner Waffenthaten liegen, die Schlachten von Marathon und Chäronea, nennen, und die Olympiaden für beide, die 72ste und die 110te, angeben; dann fragt er weiter:

Welches ist nun die Hauptursache dieser Wendung, dieses Untergangs der Unabhängigkeit?

Der Schüler wird leicht auf die Zwistigkeiten der Griechen unter einander, auf die inneren Kämpfe, welche ihre Kräfte aufrieben, kommen, woran der Lehrer die Frage knüpft:

Läßt sich nun wol ein berühmtes Ereigniß nennen, welches die Waffenmacht eines Hauptstaats so knickte, daß er sich nie wieder zu seiner frühern Höhe hob, und welches gerade in die Mitte dieser 38 Olympiaden fällt?

Wenn dem Schüler die Olympiaden des peloponnesischen Krieges geläufig sind, wird er bald inne werden, daß der Untergang des athenischen Heeres auf Sicilien in der 91sten Olympiade, 19 Ol. nach Marathon und 19 vor Chäronea, gemeint ist. — Und sollten diese Zahlen sich dann nicht mit unverlöschlicher Festigkeit einprägen?

Daß diese Gleichtheilung, wenn wir nach Jahren v. Chr. rechnen, um ein Jahr nicht zutrifft, thut gar nichts zur Sache. Das ist eben, wie ich schon oben bemerkte, einer der Vortheile der Olympiadenrechnung, daß sie mit größeren Massen operirt. — Sonst ist allerdings bei den Zahlen, welche in diesen Verbindungen hervortreten sollen, mit möglichster Genauigkeit und Gewissenhaftigkeit zu verfahren. Willkürliche Veränderungen würden diese nützlichen Uebungen in läppische Spielereien verwandeln, nach Art der von Schlözer in den geschichtlichen Unterricht eingeschwärzten drei Zahlen, 888, 555, 333, die nach keiner Berechnung zutreffen, und statt dem Gedächtniß als Stütze zu dienen, den Schüler vielmehr von der hier eben so gut wie in der grammatischen Formenlehre unerläßlichen Strenge entwöhnen.

---

**Fr.** Welche Jahrzahl der römischen Geschichte, die eine wichtige Begebenheit bezeichnet, giebt verdoppelt eine andere sehr bedeutende Epoche derselben.

**Antw.** 244 d. St. die Vertreibung der Könige; 488 die vollendete Eroberung Italiens[1].

---

1) Fischer hebt in den römischen Zeittafeln zu 489. die Worte des Florus Postremi Italicorum in fidem venere Volsinii hervor, und will damit wol andeuten, daß die gänzliche Eroberung Italiens erst in dieses Jahr falle. Aber schon Pighius, Annal. T. I. p. 460

**Fr.** Die erstaunlichen Waffenthaten Roms, deren Ergebniß diese Eroberung ist, sind vorzüglich bedingt durch welche innere Entwickelung?

**Antw.** Durch den innern Frieden, durch die politische Gleichstellung der beiden Stände.

**Fr.** Wenn wir von dem letztern jener Jahre eine runde Zahl abziehen, auf welches wichtigste diese Gleichstellung bezeichnende Ereigniß kommen wir?

**Antw.** $488 - 100 = 388$, dem Jahre des ersten plebejischen Consulats.

**Fr.** Wenn wir aber 120 Jahre zu der erstern Zahl hinzuthun, welcher Beweis der damaligen großen Ohnmacht Roms fällt in dieses Jahr?

**Antw.** Die Verbrennung der Stadt durch die Gallier, 364.

**Fr.** Dagegen dieselbe Zahl zur Eroberung Italiens gerechnet, gibt welches Zeugniß für die schon auf dem Erdkreis gewonnene Uebermacht Roms?

**Antw.** Die Zerstörung Karthago's, 608.

---

**Fr.** Welches ist ein Hauptgrund des geringen und matten Widerstandes, welchen die Osmanen bei ihren großen Eroberungen in Europa fanden?

**Antw.** Die Kriege zwischen den christlichen Staaten und die Zerrüttungen im Innern derselben.

---

bemerkt mit Recht, der Beistand, den die Römer den Volsiniern gegen ihre Hörigen geleistet, sei kein Krieg mit ihnen zu nennen. Und derselben Ansicht ist Niebuhr, Röm. Gesch. Th. III. S. 639.

**Fr.** Folgte nicht sogar der Beginn einiger solcher Kämpfe dem Umsturze des oströmischen Reiches unmittelbar?

**Antw.** 1453, Eroberung von Constantinopel.

1454, Anfang des Vernichtungskampfes der Polen gegen den deutschen Orden in Preußen.

· 1455, Anfang des Bürgerkrieges der beiden Rosen in England.

**Fr.** In wie fern sind die Jahre 48 in drei auf einander folgenden Jahrhunderten merkwürdig für das veränderte Verhältniß des deutschen Reiches und Volkes zum römischen Stuhl?

**Antw.** 1448, die Wiener Concordate.

1548, das Augsburger Interim.

1648, der Westphälische Friede.

**Fr.** Welche Erscheinung kann als ein gleichzeitiges Gegenbild zum Herabsinken und dem Sturze der Stuartschen Dynastie in Großbritanien betrachtet werden?

**Antw.** Das Emporsteigen der Hohenzollerschen Dynastie in Brandenburg durch den großen Kurfürsten.

**Fr.** Lassen sich nun wol gerade an den Anfang und das Ende der Regierung Friedrich Wilhelms, an 1640 u. 1688, die größten Wendepunkte in den Schicksalen der Stuarts knüpfen?

**Antw.** 1640. Anfang des großen Widerstandes der Nation gegen Karl I. durch die Zusammenkunft des langen Parlaments.

1688. Sturz der Stuarts durch die Flucht Jakobs II.

**Fr.** Wie lassen sich die Hauptwendepunkte der französischen Revolution bequem an fünfjährige Epochen knüpfen?

**Antw.**   I.   1789.   Ausbruch der Revolution.

      II.   1794.   Höhe und Sturz der extremen Revolution.

     III.   1799.   Gründung einer neuen Alleinherrschaft.

     IV.   1804.   Aufrichtung des Kaiserthrons.

     V.   1809.   Höhepunkt der Napoleonischen Herrschaft in Europa im Wiener Frieden.

    VI.   1814.   Sturz derselben und erste Restauration.

Aehnlicher Zahlenbeziehungen und Verknüpfungen lassen sich bei einigem Nachdenken sehr viele entdecken. Und wenn die Schüler nur erst auf diesen Weg geleitet sind, werden die Fähigeren ihren Witz und Scharfsinn gern an der Auffindung derselben üben, und sich bestreben, dem Lehrer damit entgegenzukommen.

———

Sie werden genug haben an den Gedanken, Einfällen, vielleicht Grillen dieses über Gebühr und erste Absicht ausgedehnten Sendschreibens. Wenn Sie seine Vorschläge indeß anzustellender Proben nicht für unwerth halten, verlangen Sie zu diesem Behufe zuerst vielleicht ein Lehrbuch, welches die in Anregung gebrachten Abrisse für beide Lehrgänge durch die ganze Weltgeschichte durchgeführt enthalte.

Einem solchen Verlangen aber würde ich mich entgegensetzen, und zwar aus zwei Gründen.

Erstens glaube ich überhaupt nicht, daß ein tüchtiger, mit der Wissenschaft, wie es seyn soll, vertrauter Lehrer sich eines von einem Andern entworfenen geschichtlichen Hand= buchs mit rechtem Nutzen bedienen kann. Mich dünkt, daß es bei allen andern Unterrichtsgegenständen weit weniger Bedenken hat, denn nirgends findet sich in dem Maße, der Auswahl und Anordnung des Stoffes, wie in der Art des Vortrags, der größern oder geringern Gedrängtheit des Ausdrucks, mehr Verschiedenheit als in den Lehrbüchern der Geschichte; wenn sie nicht geradezu aus wenigen ande= ren zusammengestellt oder abgeschrieben sind, sprechen sie mehr als in allen übrigen Unterrichtsfächern die Subjecti= tät der Verfasser aus. Der Lehrer muß sich also entweder in eine solche ganz hineindenken, ihr seine eigenen Ueber= zeugungen, seine Eigenthümlichkeit, seinen Geschmack opfern, oder sich vielfache Aenderungen, Umstellungen, Erweiterun= gen, Abkürzungen des Lehrbuchs gestatten, die gewiß nicht dazu dienen, dem Schüler die schnelle Uebersicht, auf die hier so sehr viel ankommt, zu erleichtern, ihn vielmehr verwirren müssen. Dazu kommt wieder die große Ver= nachlässigung der Methodik, welche der Lehrer, wenn er eine festere und sichrere anstrebt, in die meisten Lehrbücher erst hineintragen muß. Es ist eben so einleuchtend, daß nicht jeder Lehrer besondere Grammatiken der Sprachen, in welchen er unterrichtet, herausgeben kann, als daß es unumgänglich nöthig ist, den Schüler mit einer gedruckten Sprachlehre zu versehen, da hier so Vieles gegeben werden muß, was nicht dem übersichtlichen System der Lehre, sondern zum Nachschlagen dient. Für den Grundriß der Geschichte aber, der ganz dem unmittelbaren Lehrbedürfnisse

6 *

dienen und nichts darüber enthalten soll, der immer mit
dem Vortrage fortschreitet, ist dieselbe Nothwendigkeit kei=
nesweges vorhanden.

Gilt diese Einwendung gegen den Gebrauch gedruckter
historischer Lehrbücher im Allgemeinen, so verstärkt sie sich
— und das ist mein zweiter Grund — wenn man nach
meinen Vorschlägen verfahren will. Denn in der Aufgabe,
ein gutes Lehrschema nach obiger Art zu entwerfen, treten
der Stoff und seine Auswahl weit zurück hinter seiner
Gliederung, der Eintheilung der Abschnitte, der Zweck=
mäßigkeit und Schärfe des Ausdrucks. Diese aber sind
einer steten Besserung und Fortbildung fähig, und bedürfen
ihrer weit mehr als ein nach sonstigen Anforderungen ent=
worfenes Lehrbuch. Ihnen, mein scharfblickender Freund,
von dessen treffendem Urtheil über geschichtliche Form und
Darstellung ich so manche Beweise habe, werden die Män=
gel der Proben, die ich gab, um Ihnen mein System an=
schaulich zu machen und Sie dafür zu gewinnen, nicht
entgangen seyn, und, glauben Sie mir, Niemand kann
von ihrer Unvollkommenheit überzeugter sein, als ich.
Aber ich glaube eben so sehr an ihre Vervollkommnungs=
fähigkeit. Ich selbst habe ehedem, im steten, lebendigen
Wechselverkehr mit Schülerclassen, an meinen geschicht=
lichen Vorträgen zu ändern, sie theilweise neu zu gestalten
immer Veranlassung gehabt; ich würde jetzt auch jene als
Proben gegebenen Lehrstücke bald verbessern, und bin über=
zeugt, daß es jedem denkenden Lehrer, der von meiner
Methode Gebrauch machen will, gerade so gehen wird.
Seine Abrisse werden ihm, wenn er sie in einem spätern
Lehrgange wieder gebrauchen will, gewiß nicht mehr durch=

gehends genügen; weiteres Nachdenken, Uebung, der Grad der Wirkung, den er bei den Schülern erreicht hat, werden ihn unfehlbar auf manche Mängel aufmerksam machen. Mit Freuden, mit der belebenden Hoffnung gesteigerten Erfolges wird er für die Vervollkommnung seiner Arbeit thätig seyn; er wird verbessern, bald im Einzelnen, bald im Ganzen, bald in der Hervorhebung der Thatsache und der von ihr ausgegangenen Zustände, bald in der sprachlichen Fassung; neue, geschicktere, bezeichnendere Wendungen, die sich ihm darbieten, wird er aufnehmen. Tritt diesem Streben nun schon ein eigenes in den Druck gegebenes Buch, bis es ein mal eine neue Auflage erlebt, hemmend in den Weg, wie lästig wird ihm dann erst ein fremdes seyn, welches ihm wol schon beim ersten Gebrauche wenig behagte! Gegen diese unläugbaren, den Unterricht störenden und lähmenden Uebelstände sehe ich kein anderes Mittel, als daß die Schemata dem Schüler in die Feder dictirt werden. Ich verkenne das Gewicht der Gründe, welche gegen das Dictiren aufgestellt sind, keinesweges, glaube aber doch behaupten zu dürfen, daß es hier das kleinere Uebel ist, zumal da der Zeitverlust, der stärkste jener Gründe, hier nur unbedeutend seyn kann. Denn die Schemata sind sehr kurz und bedürfen in den obern Classen nur einer theilweisen Erneuerung; der mündliche Vortrag, die vielen Prüfungen und Wiederholungen, auf deren Nothwendigkeit ich hingedeutet, nehmen den bei weitem beträchtlichsten Theil der Unterrichtszeit in Anspruch.

Sollen nun die Lehrer, wie wir oben sahen, den Stoff, besonders den der Gedankenwelt angehörenden Theil desselben, ehe sie ihn überliefern, erst selbstthätig prüfen, und soll diese Selbstthätigkeit auch für die Gestaltung desselben in Anspruch genommen werden; so müssen es freilich solche seyn, zu deren Lebensaufgaben die Geschichte gehört. Diejenigen, deren Studien durch die Mannigfaltigkeit der ihnen zugetheilten Unterrichtszweige sich in einer zerstreuenden Verschiedenartigkeit bewegen müssen, die gezwungen sind, sich auf ihre geschichtlichen Lehrstunden aus einigen Compendien nothdürftig vorzubereiten, werden jener Anforderung allerdings nicht genügen können. Ist dies aber nicht ein Mißstand? Und sollte es keine Abhülfe desselben geben? Allerdings ist gegen die Fachlehrer Manches mit Recht erinnert und ins Werk gerichtet worden, aber die Philologie, die Mathematik und die Naturwissenschaften sind dabei lange nicht so schlecht gefahren wie die Geschichte, weil man einen systematischen, wohlüberlegten, aus eigenen wissenschaftlichen Erlebnissen quellenden Unterricht in dieser für bei weitem weniger nöthig, einen oberflächlichen und verkehrten für nicht so schädlich gehalten hat, wie in jenen Zweigen. Aber dies dürfte ein großer Irrthum seyn. Grade in der Geschichte gehört zur rechten Grundlegung eine volle Kenntniß des aufzuführenden Gebäudes, weil die Elemente hier den höheren Theilen gegenüber nicht eine solche Abgeschlossenheit und Abrundung haben, wie etwa in der Mathematik. Die Besorgniß, daß ein in den wissenschaftlichen Problemen der Geschichte lebender Lehrer seine Vorträge nach einem viel zu hohen Maßstabe einrichten werde, könnte nur gegründet seyn, wenn man ihm die Einsicht absprechen müßte, daß kein Unterricht seinem Zwecke entsprechen wird ohne die Anerkennung möglichst bestimmter Grenzen, innerhalb deren er sich zu bewegen hat. Eine

Einsicht, ohne welche, und ohne den festen Willen, sie zur Anwendung zu bringen, man überhaupt kein guter Lehrer seyn kann.

Denn die Resignation, welche dazu gehört, auf die ich schon oben zu sprechen kam — bedarf ihrer nicht auch der Gymnasiallehrer in jedem andern Fache? Nicht selbst der Universitätslehrer, welcher statt der Elemente, auf die doch auch er immer wieder zurückkommen muß, seine Zuhörer lieber nur mit den Ergebnissen seiner eigenen, und zwar seiner jüngsten Forschungen bekannt machen möchte? Auch wird die Zeit, welche ich den Geschichtslehrern der Gymnasien auf die Vervollkommnung jener Grundrisse zu verwenden ansinne, für ihre wissenschaftlichen Fortschritte keinesweges ganz verloren seyn. Mit dem Nachdenken über die Gliederung des Stoffes, welcher der Elementar = Anschauung am förderlichsten ist, wird ganz von selbst die Einsicht in die Natur der Begebenheit wachsen; neue Seiten für die Betrachtung werden sich aufthun, wie in der wahren Wissenschaft Alles in einem innern Zusammenhange steht.

Und somit lassen Sie, liebster Freund, und Alle, welche diesem Gegenstande ihre Theilnahme widmen, sich die Prüfung meiner Vorschläge bestens empfohlen seyn. Wenn ich sie auf die Gelehrtenschulen beschränkt habe, so ist es geschehen, um sie concentriren und durch stete Beziehung auf eine bestimmte Bildungs = und Unterrichtsform auch bestimmter und einfacher durchführen zu können, nicht als ob dieselben Grundsätze nicht auch der Anwendung auf andere höhere Schulanstalten, welche über den Elementar=Unterricht hinausgehen, fähig wären. Wird ihnen einiger Beifall zu

Theil, so werden die Modificationen, welche sie vermöge der Verschiedenheit dieser Anstalten und ihrer Zwecke erfahren müssen, sich leicht finden.

Bonn, den 7. Mai 1847.

Druck von F. A Brockhaus in Leipzig.

CPSIA information can be obtained
at www.ICGtesting.com
Printed in the USA
BVHW090834101218
535234BV00006B/201/P

9 780331 039566